AF250143

J. J. ROUSSEAU

CITOYEN DE GENÈVE,

A M^r. D'ALEMBERT,

De l'Académie Françoise, de l'Académie Royale des Sciences de Paris, de celle de Pruſſe, de la Société Royale de Londres, de l'Académie Royale des Belles-Lettres de Suede, & de l'Inſtitut de Bologne:

Sur ſon Article GENÈVE

Dans le VIIme. Volume de l'ENCYCLOPÉDIE,

ET PARTICULIEREMENT,

Sur le projet d'établir un

THÉATRE DE COMÉDIE *en cette Ville.*

Dii meliora piis, erroremque hoſtibus illum.

A AMSTERDAM,

Chez MARC MICHEL REY,

M. DCC. LVIII.

PREFACE.

J'AI tort, si j'ai pris en cette occasion la plume sans nécessité. Il ne peut m'être ni avantageux ni agréable de m'attaquer à M. d'Alembert. Je considere sa personne: j'admire ses talens: j'aime ses ouvrages: je suis sensible au bien qu'il a dit de mon pays: honoré moi-même de ses éloges, un juste retour d'honnêteté m'oblige à toutes sortes d'égards envers lui; mais les égards ne l'emportent sur les devoirs que pour ceux dont toute la morale consiste en apparences. Justice & vérité, voila les premiers devoirs de l'homme. Humanité, patrie, voila ses premieres affections. Toutes les fois que des ménagemens particuliers lui font changer cet ordre, il est coupable. Puis-je l'être en faifant ce que j'ai dû ? Pour me répondre, il faut avoir une patrie à fervir, & plus d'amour pour fes devoirs que de crainte de déplaire aux hommes.

COMME tout le monde n'a pas fous les yeux l'Encyclopédie, je vais tranfcrire ici de l'article *Geneve* le paffage qui m'a mis la plume à la main. Il auroit dû l'en faire tomber, fi j'afpirois à l'honneur de bien écrire ; mais j'ofe en rechercher un autre, dans lequel je ne crains la concurrence de perfonne. En lifant ce paffage ifolé, plus d'un lecteur fera furpris du zele qui l'a pu dicter : en le lifant dans fon article, on trouvera que la Comédie qui n'eft pas à Geneve & qui pourroit y être, tient la huitieme partie de la place qu'occupent les chofes qui y font.

„ On ne fouffre point de Comédie
„ à Geneve : ce n'eſt pas qu'on y
„ défaprouve les ſpectacles en eux-
„ mêmes; mais on craint, dit-on, le
„ goût de parure, de diſſipation &
„ de libertinage que les troupes de
„ Comédiens répandent parmi la jeu-
„ neſſe. Cependant ne feroit-il pas
„ poſſible de remédier à cet incon-
„ vénient par des loix féveres & bien
„ exécutées fur la conduite des Co-
„ médiens ? Par ce moyen Geneve
„ auroit des ſpectacles & des mœurs,
„ & jouiroit de l'avantage des uns &
„ des autres ; les repréſentations théa-
„ trales formeroient le goût des ci-
„ toyens, & leur donneroient une fi-
„ neſſe de tact, une délicateſſe de
„ fentiment qu'il eſt très difficile

„ d'acquérir fans ce fecours ; la litté-
„ rature en profiteroit fans que le li-
„ bertinage fît des progrès, & Gene-
„ ve réuniroit la fageffe de Lacédé-
„ mone à la politeffe d'Athénes.
„ Une autre confidération, digne d'u-
„ ne République fi fage & fi éclai-
„ rée, devroit peut-être l'engager à
„ permettre les fpectacles. Le pré-
„ jugé barbare contre la profeffion
„ de Comédien, l'efpece d'aviliffe-
„ ment où nous avons mis ces hom-
„ mes fi néceffaires au progrès & au
„ foutien des arts, eft certainement
„ une des principales caufes qui con-
„ tribuent au déréglément que nous
„ leur reprochons ; ils cherchent à fe
„ dédommager par les plaifirs, de l'ef-
„ time que leur état ne peut obtenir.
„ Parmi nous, un Comédien qui a

„ des mœurs eſt doublemenr reſpec-
„ table; mais à peine lui en ſait-on
„ gré. Le Traitant qui inſulte à l'in-
„ digence publique & qui s'en nour-
„ rit, le Courtiſan qui rampe & qui
„ ne paie point ſes dettes: voila l'eſ-
„ pece d'hommes que nous honorons
„ le plus. Si les Comédiens étoient
„ non ſeulement ſoufferts à Geneve,
„ mais contenus d'abord par des ré-
„ glemens ſages, protégés enſuite &
„ même conſidérés dès qu'ils en ſe-
„ roient dignes, enfin abſolument pla-
„ cés ſur la même ligne que les au-
„ tres citoyens, cette ville auroit
„ bientôt l'avantage de poſſéder ce
„ qu'on croit ſi rare & qui ne l'eſt
„ que par notre faute: une troupe de
„ Comédiens eſtimables. Ajoutons
„ que cette troupe deviendroit bien-

„ tôt la meilleure de l'Europe; plu-
„ fieurs perfonnes, pleines de goût &
„ de difpofitions pour le théatre, &
„ qui craignent de fe déshonorer par-
„ mi nous en s'y livrant, accour-
„ roient à Geneve, pour cultiver non
„ feulement fans honte, mais même
„ avec eftime un talent fi agréable &
„ fi peu commun. Le féjour de cet-
„ te ville, que bien des François re-
„ gardent comme trifte par la priva-
„ tion des fpectacles, deviendroit a-
„ lors le féjour des plaifirs honnêtes,
„ comme il eft celui de la philofo-
„ phie & de la liberté; & les Etran-
„ gers ne feroient plus furpris de voir
„ que dans une ville où les fpectacles
„ décens & réguliers font défendus,
„ on permette des farces groffieres
„ & fans efprit, auffi contraires au

„ bon goût qu'aux bonnes mœurs.
„ Ce n'eſt pas tout : peu à peu l'e-
„ xemple des Comédiens de Geneve,
„ la régularité de leur conduite, &
„ la conſidération dont elle les feroit
„ jouir , ſerviroient de modele aux
„ Comédiens des autres nations & de
„ leçon à ceux qui les ont traités
„ juſqu'ici avec tant de rigueur &
„ même d'inconſéquence. On ne les
„ verroit pas d'un côté penſionnés
„ par le gouvernement & de l'autre
„ un objet d'anathême; nos Prêtres
„ perdroient l'habitude de les excom-
„ munier & nos bourgeois de les re-
„ garder avec mépris; & une petite
„ République auroit la gloire d'avoir
„ réformé l'Europe ſur ce point,
„ plus important, peut-être, qu'on
„ ne penſe ".

* 5

Voila certainement le tableau le
plus agréable & le plus féduifant
qu'on pût nous offrir; mais voila en
même tems le plus dangereux confeil
qu'on pût nous donner. Du-moins,
tel eft mon fentiment, & mes raifons
font dans cet écrit. Avec quelle avi-
dité la jeuneffe de Geneve, entraînée
par une autorité d'un fi grand poids,
ne fe livrera-t-elle point à des idées
auxquelles elle n'a déja que trop de
penchant? Combien, depuis la publi-
cation de ce volume, de jeunes Genevois, d'ailleurs bons citoyens, n'at-
tendent-ils que le moment de favori-
fer l'établiffement d'un théatre, croyant rendre un fervice à la patrie &
prefque au genre humain? Voila le
fujet de mes allarmes, voila le mal
que je voudrois prévenir. Je rends

juſtice aux intentions de Mr. d'Alembert, j'eſpere qu'il voudra bien la rendre aux miennes: je n'ai pas plus d'envie de lui déplaire que lui de nous nuire. Mais enfin, quand je me tromperois, ne dois-je pas agir, parler, ſelon ma conſcience & mes lumieres? Ai-je dû me taire? L'ai-je pu, ſans trahir mon devoir & ma patrie?

Pour avoir droit de garder le ſilence en cette occaſion, il faudroit que je n'euſſe jamais pris la plume ſur des ſujets moins néceſſaires. Douce obſcurité qui fis trente ans mon bonheur, il faudroit avoir toujours ſu t'aimer; il faudroit qu'on ignorât que j'ai eu quelques liaiſons avec les Editeurs de l'Encyclopédie, que j'ai fourni quelques articles à l'Ouvrage, que mon nom se trouve avec ceux des auteurs ; il faudroit que mon zele pour mon pays fût moins connu, qu'on supposât que l'article *Geneve* m'eût échapé, ou qu'on ne pût inférer de mon silence que j'adhere à ce qu'il contient. Rien de tout cela ne pouvant être, il faut donc parler, il faut que je désavoue ce que je n'approuve point, afin qu'on ne m'impute pas d'autres sentimens que les miens. Mes compatriotes n'ont pas besoin de mes conseils, je le sais bien ; mais moi, j'ai besoin de m'honorer, en montrant que je pense comme eux sur nos maximes.

Je n'ignore pas combien cet écrit, si loin de ce qu'il devroit être, est loin même de ce que j'aurois pu faire en de plus heureux jours. Tant de chofes ont concouru à le mettre au deffous du médiocre où je pouvois autrefois atteindre, que je m'étonne qu'il ne foit pas pire encore. J'écrivois pour ma patrie : s'il étoit vrai que le zele tînt lieu de talent, j'aurois fait mieux que jamais ; mais j'ai vu ce qu'il falloit faire, & n'ai pu l'exécuter. J'ai dit froidement la vérité : qui eft-ce qui fe foucie d'elle ? trifte recommendation pour un livre ! Pour être utile il faut être agréable, & ma plume a perdu cet art-là. Tel me difputera malignement cette perte. Soit : cependant je me fens déchu & l'on ne tombe pas au deffous de rien.

Premierement, il ne s'agit plus ici d'un vain babil de Philofophie ; mais d'une vérité de pratique importante à

PREFACE.

tout un peuple. Il ne s'agit plus de parler au petit nombre, mais au public; ni de faire penfer les autres, mais d'expliquer nettement ma penfée. Il a donc fallu changer de ftile : pour me faire mieux entendre à tout le monde, j'ai dit moins de chofes en plus de mots; & voulant être clair & fimple, je me fuis trouvé lâche & diffus.

Je comptois d'abord fur une feuille ou deux d'impreffion tout au plus; j'ai commencé à la hâte & mon fujet s'étendant fous ma plume, je l'ai laiffée aller fans contrainte. J'étois malade & trifte; &, quoique j'euffe grand befoin de diftraction, je me fentois fi peu en état de penfer & d'écrire que, fi l'idée d'un devoir à remplir ne m'eût foutenu, j'aurois jetté cent fois mon papier au feu. J'en fuis devenu moins févere à moi-même. J'ai cherché dans mon travail quelque amufement qui me le fît fupporter. Je me fuis jetté dans toutes les digreffions qui fe font préfentées, fans prévoir combien, pour foulager mon ennui, j'en préparois peut-être au lecteur.

Le goût, le choix, la correction, ne fauroient fe trouver dans cet ouvrage. Vivant feul, je n'ai pu le montrer à perfonne. J'avois un Ariftarque févere & judicieux, je ne l'ai plus, je n'en veux plus *; mais je le

---

* Ad amicum etfi produxeris gladium, non defperes ; eft enim regreffus ad amicum. Si aperueris os trifte, non timeas ; eft enim concordatio: excepto convitio, & improperio, & fuperbiâ, & myfterii revelatione, & plagâ dolofâ. In his omnibus effugiet amicus. *Ecclefiaftic.* XXII. 26. 27.

regreterai sans cesse, & il manque bien plus encore à mon cœur qu'à mes écrits.

La solitude calme l'ame, & appaise les passions que le désordre du monde a fait naître. Loin des vices qui nous irritent, on en parle avec moins d'indignation ; loin des maux qui nous touchent, le cœur en est moins ému. Depuis que je ne vois plus les hommes, j'ai presque cessé de haïr les méchans. D'ailleurs, le mal qu'ils m'ont fait à moi-même m'ôte le droit d'en dire d'eux. Il faut désormais que je leur pardonne pour ne leur pas ressembler. Sans y songer, je substituerois l'amour de la vengeance à celui de la justice ; il vaut mieux tout oublier. J'espere qu'on ne me trouvera plus cette âpreté

preté qu'on me reprochoit, mais qui me faifoit lire ; je confens d'être moins lu, pourvu que je vive en paix.

A ces raifons il s'en joint une autre plus cruelle & que je voudrois en vain diffimuler ; le public ne la fentiroit que trop malgré moi. Si dans les effais fortis de ma plume ce papier eft encore au-deffous des autres, c'eft moins la faute des circonftances que la mienne : c'eft que je fuis au-deffous de moi-même. Les maux du corps épuifent l'ame : à force de fouffrir, elle perd fon reffort. Un inftant de fermentation paffagere produifit en moi quelque lueur de talent ; il s'eft montré tard, il s'eft éteint de bonne heure. En reprenant mon état naturel, je fuis rentré dans le néant. Je n'eus qu'un moment, il eſt paſſé ; j'ai la honte de me survivre. Lecteur, ſi vous recevez ce dernier ouvrage avec indulgence, vous accueillirez mon ombre : car pour moi, je ne ſuis plus.

A Montmorenci le 20 Mars 1758.

J. J. ROUSSEAU

CITOYEN DE GENEVE,

A MONSIEUR D'ALEMBERT.

J'AI LU, Monfieur, avec plaifir votre article, GENEVE, dans le 7me. Volume de l'Encyclopédie. En le relifant avec plus de plaifir encore, il m'a fourni quelques réflexions que j'ai cru pouvoir offrir, fous vos aufpices, au public & à mes Concitoyens. Il y a beaucoup à louer dans cet article ; mais fi les éloges dont vous honorez ma Patrie m'ôtent le droit de vous en rendre, ma fincérité parlera pour moi ; n'être pas de votre avis fur quelques points, c'eft affés m'expliquer fur les autres.

JE commencerai par celui que j'ai le plus de répugnance à traiter , & dont l'examen me convient le moins ; mais fur lequel, par la raifon que je viens de dire, le filence ne m'eft pas permis. C'eft le jugement que vous portez de la doctrine de nos Miniftres en matiere de foi.

A

Vous

Vous avez fait de ce corps refpectable un éloge
très beau, très vrai, très propre à eux feuls dans
tous les Clergés du monde, & qu'augmente encore la confidération qu'ils vous ont témoignée,
en montrant qu'ils aiment la Philofophie, & ne
craignent pas l'œil du Philofophe. Mais, Monfieur, quand on veut honorer les gens, il faut
que ce foit à leur maniere, & non pas à la nôtre; de peur qu'ils ne s'offenfent avec raifon dés
louanges nuifibles, qui, pour être données à
bonne intention, n'en bleffent pas moins l'état,
l'intérêt, les opinions, ou les préjugés de ceux
qui en font l'objet. Ignorez-vous que tout nom
de Secte eft toujours odieux, & que de pareilles
imputations, rarement fans conféquence pour
des Laïques, ne le font jamais pour des Théologiens?

Vous me direz qu'il eft queftion de faits &
non de louanges, & que le Philofophe a plus
d'égard à la vérité qu'aux hommes: mais cette
prétendue vérité n'eft pas fi claire, ni fi indiffé-
rente, que vous foyez en droit de l'avancer fans
de bonnes autorités, & je ne vois pas où l'on
en peut prendre pour prouver que les fentimens
qu'un

qu'un corps profeſſe & ſur leſquels il ſe conduit, ne ſont pas les ſiens. Vous me direz encore que vous n'attribuez point à tout le corps eccléſiaſtique les ſentimens dont vous parlez; mais vous lés attribuez à pluſieurs, & pluſieurs dans un petit nombre font toujours une ſi grande partie que le tout doit s'en reſſentir.

PLUSIEURS Paſteurs de Geneve n'ont, ſelon vous, qu'un Socinianiſme parfait. Voilà ce que vous déclarez hautement, à la face de l'Europe. J'oſe vous demander comment vous l'avez appris? Ce ne peut être que par vos propres conjectures, ou par le témoignage d'autrui, ou ſur l'aveu des Paſteurs en queſtion.

OR dans les matieres de pur dogme & qui ne tiennent point à la morale, comment peut-on juger de la foi d'autrui par conjecture? Comment peut-on même en juger ſur la déclaration d'un tiers, contre celle de la perſonne intéreſſée? Qui ſait mieux que moi ce que je crois ou ne crois pas, & à qui doit-on s'en rapporter là-deſſus plutôt qu'à moi-même? Qu'après avoir tiré des diſcours ou des écrits d'un honnête-homme des conſéquences ſophiſtiques & déſavouées,

un

un Prêtre acharné pourſuive l'Auteur ſur ces conſéquences, le Prêtre fait ſon métier & n'étonne perſonne: mais devons-nous honorer les gens de bien comme un fourbe les perſécute; & le Philoſophe imitera-t-il des raiſonnemens captieux dont il fut ſi ſouvent la victime?

IL reſteroit donc à penſer, ſur ceux de nos Paſteurs que vous prétendez être Sociniens parfaits & rejetter les peines éternelles, qu'ils vous ont confié là-deſſus leurs ſentimens particuliers: mais ſi c'étoit en effet leur ſentiment, & qu'ils vous l'euſlent confié, ſans doute ils vous l'auroient dit en ſecret, dans l'honnête & libre épanchement d'un commerce philoſophique; ils l'auroient dit au Philoſophe, & non pas à l'Auteur. Ils n'en ont donc rien fait, & ma preuve eſt ſans replique; c'eſt que vous l'avez publié.

JE NE prétends point pour cela blâmer la doctrine que vous leur imputez; je dis ſeulement qu'on n'a nul droit de la leur imputer, à moins qu'ils ne la reconnoiſſent. Je ne ſais ce que c'eſt que le Socinianiſme, ainſi je n'en puis parler ni en bien ni en mal; mais, en général, je ſuis l'ami de toute Religion paiſible, où l'on ſert

l'Etre

l'Etre éternel selon la raison qu'il nous a donnée. Quand un homme ne peut croire ce qu'il trouve absurde, ce n'est pas sa faute, c'est celle de sa raison (*a*); & comment concevrai-je que Dieu le

(*a*) Je crois voir un principe qui, bien démontré comme il pourroit l'être, arracheroit à l'instant les armes des mains à l'intolérant & au superstitieux, & calmeroit cette fureur de faire des prosélites qui semble animer les incrédules. C'est que la raison humaine n'a pas de mesure commune bien déterminée, & qu'il est injuste à tout homme de donner la sienne pour regle à celle des autres.

Supposons de la bonne foi, sans laquelle toute dispute n'est que du caquet. Jusqu'à certain point il y a des principes communs, une évidence commune, & de plus, chacun a sa propre raison qui le détermine ; ainsi ce sentiment ne mene point au Scepticisme ; mais aussi les bornes générales de la raison n'étant point fixées, & nul n'ayant inspection sur celle d'autrui, voila tout d'un coup le fier dogmatique arrêté. Si jamais on pouvoit établir la paix où regnent l'intérêt, l'orgueil, & l'opinion, c'est par là qu'on termineroit à la fin les dissentions des Prêtres & des Philosophes. Mais peut-être ne seroit-ce le compte ni des uns ni des autres : il n'y auroit plus ni persécutions ni disputes ; les premiers n'auroient personne à tourmenter ; les seconds, personne à convaincre : autant vaudroit quitter le métier.

A 3

Si

le puniffe de ne s'être pas fait un entendement (*b*)
contraire à celui qu'il a reçu de lui? Si un Doc-
teur

Si l'on me demandoit là-deffus pourquoi donc je
difpute moi-même? Je répondrois que je parle au
plus grand nombre, que j'expofe des vérités de pratique, que je me fonde fur l'expérience, que je
remplis mon devoir, & qu'après avoir dit ce que je
penfe, je ne trouve point mauvais qu'on ne foit pas
de mon avis.

(*b*) Il faut fe reffouvenir que j'ai à répondre à un
Auteur qui n'eft pas Proteftant; & je crois lui répondre en effet, en montrant que ce qu'il accufe nos
Miniftres de faire dans notre Religion, s'y feroit
inutilement, & fe fait néceffairement dans plufieurs
autres, fans qu'on y fonge.

Le monde intellectuel, fans en excepter la Géométrie, eft plein de vérités incompréhenfibles, &
pourtant inconteftables; parce que là raifon qui les
démontre exiftentes, ne peut les toucher, pour ainfi dire, à travers les bornes qui l'arrêtent, mais feulement les appercevoir. Tel eft le dogme de l'exiftence de Dieu; tels font les miftères admis dans les
Communions Proteftantes. Les miftères qui heurtent
la raifon, pour me fervir des termes de M. d'Alembert, font toute autre chofe. Leur contradiction
même les fait rentrer dans fes bornes; elle a toutes
les prifes imaginables pour fentir qu'ils n'exiftent pas:
car bien qu'on ne puiffe voir une chofe abfurde, rien
n'eft fi clair que l'abfurdité. Voilà ce qui arrive,
lorf-

teur venoit m'ordonner de la part de Dieu de croire que la partie est plus grande que le tout, que pourrois-je penser en moi-même, si non que cet homme vient m'ordonner d'être fou? Sans-doute l'Orthodoxe, qui ne voit nulle absurdité dans les misteres, est obligé de les croire: mais si le Socinien y en trouve, qu'a-t-on à lui dire? Lui prouvera-t-on qu'il n'y en a pas? Il commencera, lui, par vous prouver que c'est une absurdité de raisonner sur ce qu'on ne sauroit en-

lorsqu'on soutient à la fois deux propositions contradictoires. Si vous me dites qu'un espace d'un pouce est aussi un espace d'un pied, vous ne dites point du tout une chose mistérieuse, obscure, incompréhensible; vous dites, au-contraire, une absurdité lumineuse & palpable, une chose très clairement fausse. De quelque genre que soient les démonstrations qui l'établissent, elles ne sauroient l'emporter sur celle qui la détruit, parce qu'elle est tirée immédiatement des notions primitives qui servent de base à toute certitude humaine. Autrement la raison, déposant contre elle-même, nous forceroit à la recuser; & loin de nous faire croire ceci ou cela, elle nous empêcheroit de plus rien croire, attendu que tout principe de foi seroit détruit. Tout homme, de quelque Religion qu'il soit, qui dit croire à de pareils misteres, en impose donc, ou ne sait ce qu'il dit.

A 4

entendre. Que faire donc? Le laisser en repos.

Je ne suis pas plus scandalisé que ceux qui servent un Dieu clément, rejettent l'éternité des peines, s'ils la trouvent incompatible avec sa justice. Qu'en pareil cas ils interprêtent de leur mieux les passages contraires à leur opinion, plutôt que de l'abandonner, que peuvent-ils faire autre chose? Nul n'est plus pénétré que moi d'amour & de respect pour le plus sublime de tous les Livres; il me console & m'instruit tous les jours, quand les autres ne m'inspirent plus que du dégoût. Mais je soutiens que si l'Ecriture elle même nous donnoit de Dieu quelque idée indigne de lui, il faudroit la rejetter en cela, comme vous rejettez en Géométrie les démonstrations qui menent à des conclusions absurdes : car de quelque autenticité que puisse être le texte sacré, il est encore plus croyable que la Bible soit altérée, que Dieu injuste ou malfaisant.

Voila, Monsieur, les raisons qui m'empêcheroient de blâmer ces sentimens dans d'équitables & modérés Théologiens, qui de leur propre doctrine apprendroient à ne forcer personne

à

à l'adopter. Je dirai plus ; des manieres de penser ſi convenables à une créature raiſonnable & foible, ſi dignes d'un Créateur juſte & miſéricordieux, me paroiſſent préférables à cet aſſentiment ſtupide qui fait de l'homme une bête, & à cette barbare intolérance qui ſe plait à tourmenter dès cette vie ceux qu'elle deſtine aux tourmens éternels dans l'autre. En ce ſens, je vous remercie pour ma Patrie de l'eſprit de Philoſophie & d'humanité que vous reconnoiſſez dans ſon Clergé, & de la juſtice que vous aimez à lui rendre ; je ſuis d'accord avec vous ſur ce point. Mais pour être humains & Philoſophes, il ne s'enſuit pas que ſes membres ſoient hérétiques. Dans le nom de parti que vous leur donnez, dans les dogmes que vous dites être les leurs, je ne puis ni vous approuver, ni vous ſuivre. Quoiqu'un tel ſyſtême n'ait rien, peut-être, que d'honorable à ceux qui l'adoptent, je me garderai de l'attribuer à mes Paſteurs qui ne l'ont pas adopté ; de peur que l'éloge que j'en pourrois faire ne fournît à d'autres le ſujet d'une accuſation très grave, & ne nuisît à ceux que j'aurois prétendu louer. Pourquoi me charge-

A 5

rois-

rois-je de la profession de foi d'autrui? N'ai-je pas trop appris à craindre ces imputations téméraires? Combien de gens se font chargés de la mienne, en m'accufant de manquer de Religion, qui furement ont fort mal-lu dans mon cœur? Je ne les taxerai point d'en manquer eux-mêmes: car un des devoirs qu'elle m'impofe eft de refpecter les fecrets des confciences. Monfieur, jugeons les actions des hommes, & laiffons Dieu juger de leur foi.

EN VOILA trop, peut-être, fur un point dont l'examen ne m'appartient pas, & n'eft pas auffi le fujet de cette Lettre. Les Miniftres de Geneve n'ont pas befoin de la plume d'autrui pour fe deffendre (c); ce n'eft pas la mienne qu'ils

(c) C'eft ce qu'ils viennent de faire, à ce qu'on m'écrit, par une déclaration publique. Elle ne m'eft point parvenue dans ma retraite; mais j'apprends que le public l'a receue avec applaudiffement. Ainfi, non feulement je jouis du plaifir de leur avoir le premier rendu l'honneur qu'ils méritent, mais de celui d'entendre mon jugement unanimement confirmé. Je fens bien que cette déclaration rend le début de ma Lettre entierement fuperflu, & le rendroit peut être indifcret dans tout autre cas: mais étant fur le point
de

qu'ils choifiroient pour cela , & de pareilles dif-
cuffions font trop loin de mon inclination pour
que je m'y livre avec plaifir ; mais ayant à parler
du même article où vous leur attribuez des opinions que nous ne leur connoiffons point, me taire fur cette affertion , c'étoit y paroître adhérer ,
& c'eft ce que je fuis fort éloigné de faire. Sen-
fible au bonheur que nous avons de poffder un
corps de Théologiens Philofophes & pacifiques,
ou plutôt un corps d'Officiers de Morale (*d*) &
de Miniftres de la vertu, je ne vois naître qu'a-
vec effroi toute occafion pour eux de fe rabaif-
fer jufqu'à n'être plus que des Gens d'Eglife. Il
nous

de le fupprimer , j'ai vu que parlant du même article
qui y a donné lieu , la même raifon fubfiftoit encore,
& qu'on pourroit toujours prendre mon filence pour
une efpece de confentement. Je laiffe donc ces réflexions d'autant plus volontiers que fi elles viennent
hors de propos fur une affaire heureufement termi-
née , elles ne contiennent en général rien que d'honorable à l'Eglife de Geneve , & que d'utile aux hommes en tout pays.

(*d*) C'eft ainfi que l'Abbé de St. Pierre appelloit
toujours les Eccléfiaftiques ; foit pour dire ce qu'ils
font en effet ; foit pour exprimer ce qu'ils devroient
être.

nous importe de les conferver tels qu'ils font. Il nous importe qu'ils jouiffent eux-mêmes de la paix qu'ils nous font aimer, & que d'odieufes difputes de Théologie ne troublent plus leur repos ni le nôtre. Il nous importe enfin, d'apprendre toujours par leurs leçons & par leur exemple, que la douceur & l'humanité font auffi les vertus du Chrétien.

Je me hâte de paffer à une difcuffion moins grave & moins férieufe, mais qui nous intéreffe encore affés pour mériter nos réflexions, & dans laquelle j'entrerai plus volontiers, comme étant un peu plus de ma compétence; c'eft celle du projet d'établir un Théatre de Comédie à Geneve. Je n'expoferai point ici mes conjectures fur les motifs qui vous ont pu porter à nous propofer un établiffement fi contraire à nos maximes. Quelles que foient vos raifons, il ne s'agit pour moi que des nôtres, & tout ce que je me permettrai de dire à votre égard, c'eft que vous ferez furement le premier Philofophe (a),

qui

____

(a) De deux célebres Hiftoriens, tous deux Philofophes, tous deux chers à M. d'Alembert, le moderne

qui jamais ait excité un peuple libre, une petite ville, & un Etat pauvre, à se charger d'un spectacle public.

QUE de questions je trouve à discuter dans celle que vous semblez résoudre! Si les Spectacles sont bons ou mauvais en eux-mêmes? S'ils peuvent s'allier avec les mœurs? Si l'austérité républicaine les peut comporter? S'il faut les souffrir dans une petite ville? Si la profession de Comédien peut être honnête? Si les Comédiennes peuvent être aussi sages que d'autres femmes? Si de bonnes loix suffisent pour réprimer les abus? Si ces loix peuvent être bien observées? &c. Tout est problème encore sur les vrais effets du Théatre, parce que les disputes qu'il occasionne ne partageant que les Gens d'Eglise & les Gens du monde, chacun ne l'envisage que par ses préjugés. Voilà, Monsieur,

derne seroit de son avis, peut-être; mais Tacite qu'il aime, qu'il médite, qu'il daigne traduire, le grave Tacite qu'il cite si volontiers, & qu'à l'obscurité près il imite si bien quelquefois, en eut-il été de même?

fleur, des recherches qui ne feroient pas indignes de votre plume. Pour moi, fans croire y
fuppléer, je me contenterai de chercher dans
cet effai les éclairciffemens que vous nous avez
rendus néceffaires; vous priant de confidérer
qu'en difant mon avis à votre exemple, je remplis un devoir envers ma Patrie, & qu'au-moins,
fi je me trompe dans mon fentiment, cette erreur ne peut nuire à perfonne.

Au premier coup d'œil jetté fur ces inftitutions, je vois d'abord qu'un Spectacle eft un
amufement; & s'il eft vrai qu'il faille des amufemens à l'homme, vous conviendrez au-moins
qu'ils ne font permis qu'autant qu'ils font néceffaires, & que tout amufement inutile eft un
mal, pour un Etre dont la vie eft fi courte &
le tems fi précieux. L'état d'homme a fes plaifirs, qui dérivent de fa nature, & naiffent
de fes travaux, de fes rapports, de fes
befoins; & ces plaifirs, d'autant plus doux que
celui qui les goûte a l'ame plus faine, rendent
quiconque en fait jouir peu fenfible à tous les
autres. Un Pere, un Fils, un Mari, un Citoyen,

ont

ont des devoirs fi chers à remplir, qu'ils ne leur laiſſent rien à dérober à l'ennui. Le bon emploi du tems rend le tems plus précieux encore, & mieux on le met à profit, moins on en fait trouver à perdre. Auſſi voit-on conſtamment que l'habitude du travail rend l'inaction inſupportable, & qu'une bonne conſcience éteint le goût des plaiſirs frivoles : mais c'eſt le mécontentement de ſoi-même, c'eſt le poids de l'oiſiveté, c'eſt l'oubli des goûts ſimples & naturels, qui rendent ſi néceſſaire un amuſement étranger. Je n'aime point qu'on ait beſoin d'attacher inceſſamment ſon cœur ſur la Scene, comme s'il étoit mal à ſon aiſe au-dedans de nous. La nature même a dicté la réponſe de ce Barbare (b) à qui l'on vantoit les magnificences du Cirque & des Jeux établis à Rome. Les Romains, demanda ce bon-homme, n'ont-ils ni femmes, ni enfans ? Le Barbare avoit raiſon. L'on croit s'aſſembler au Spectacle, & c'eſt là que chacun s'iſole ; c'eſt là qu'on va oublier ſes amis, ſes voiſins, ſes proches, pour s'intéreſſer

à

______
(b) Chryſoſt. in Matth. Homel. 38.

à des fables, pour pleurer les malheurs des morts, ou rire aux dépends des vivans. Mais j'aurois dû sentir que ce langage n'est plus de saison dans notre siecle. Tâchons d'en prendre un qui soit mieux entendu.

DEMANDER si les Spectacles sont bons ou mauvais en eux-mêmes, c'est faire une question trop vague; c'est examiner un rapport avant que d'avoir fixé les termes. Les Spectacles sont faits pour le peuple, & ce n'est que par leurs effets sur lui, qu'on peut déterminer leurs qualités absolues. Il peut y avoir des Spectacles d'une infinité d'especes; il y a de peuple à peuple une prodigieuse diversité de mœurs, de tempéramens, de caracteres. L'homme est un, je l'avoue; mais l'homme modifié par les Religions, par les Gouvernemens, par les loix, par les coutumes, par les préjugés, par les climats, devient si différent de lui-même qu'il ne faut plus chercher parmi nous ce qui est bon aux hommes en général, mais ce qui leur est bon dans tel tems ou dans tel pays: ainsi les Pieces de Ménandre faites pour le théatre d'Athenes, étoient déplacées sur celui de Rome: ainsi les combats

des

des Gladiateurs, qui, fous la République, animoient le courage & la valeur des Romains,
n'infpiroient, fous les Empereurs, à la populace
de Rome, que l'amour du fang & la cruauté:
du même objet offert au même Peuple en
différens tems, il apprit d'abord à méprifer
fa vie, & enfuite à fe jouer de celle d'autrui.

QUANT à l'efpece des Spectacles, c'eft néceffairement le plaifir qu'ils donnent, & non
leur utilité, qui la détermine. Si l'utilité peut s'y
trouver, à la bonne heure; mais l'objet principal eft de plaire, &, pourvu que le Peuple
s'amufe, cet objet eft affés rempli. Cela feul
empêchera toujours qu'on ne puiffe donner à
ces fortes d'établiffemens tous les avantages
dont ils feroient fufceptibles, & c'eft s'abufer
beaucoup que de s'en former une idée de perfection, qu'on ne fauroit mettre en pratique,
fans rebuter ceux qu'on croit inftruire. Voila
d'où naît la diverfité des Spectacles, felon les
goûts divers des nations. Un Peuple intrépide,
grave & cruel, veut des fêtes meurtrières &
périlleufes, où brillent la valeur & le fens-froid.
Un Peuple féroce & bouillant veut du fang,

B

des

des combats, des paffions atroces. Un Peuple voluptueux veut de la mufique & des danfes. Un Peuple galant veut de l'amour & de la politeffe. Un Peuple badin veut de la plaifanterie & du ridicule. *Trahit fua quemque voluptas.* Il faut, pour leur plaire, des Spectacles qui favorifent leurs penchans, au-lieu qu'il en faudroit qui les modéraffent.

La Scene, en général, eft un tableau des paffions humaines, dont l'original eft dans tous les cœurs: mais fi le Peintre n'avoit foin de flater ces paffions, les Spectateurs feroient bientôt rebutés, & ne voudroient plus fe voir fous un afpect qui les fît méprifer d'eux-mêmes. Que s'il donne à quelques-unes des couleurs odieufes, c'eft feulement à celles qui ne font point générales, & qu'on hait naturellement. Ainfi l'Auteur ne fait encore en cela que fuivre le fentiment du public; & alors ces paffions de rebut font toujours employées à en faire valoir d'autres, finon plus légitimes, du-moins plus au gré des Spectateurs. Il n'y a que la raifon qui ne foit bonne à rien fur la Scene. Un homme fans paffions, ou qui les domineroit toujours,

n'y

n'y fauroit intéreffer perfonne; & l'on a déja remarqué qu'un Stoïcien dans la Tragédie, feroit un perfonnage infupportable: dans la Comédie, il feroit rire, tout au plus.

Qu'on n'attribue donc pas au Théatre le pouvoir de changer des fentimens ni des mœurs qu'il ne peut que fuivre & embellir. Un Auteur qui voudroit heurter le goût général, compoferoit bientôt pour lui feul. Quand Moliere corrigea la Scene comique, il attaqua des modes, des ridicules; mais il ne choqua pas pour cela le goût du public (c), il le fuivit ou le développa,

(c) Pour peu qu'il anticipât, ce Moliere lui-même avoit peine à fe foutenir; le plus parfait de fes ouvrages tomba dans fa naiffance, parce qu'il le donna trop-tôt, & que le public n'étoit pas mûr encore pour le Mifantrope.

Tout ceci eft fondé fur une maxime évidente; favoir qu'un peuple fuit fouvent des ufages qu'il méprife, ou qu'il eft prêt à méprifer, fi-tôt qu'on ofera lui en donner l'exemple. Quand de mon tems on jouoit la fureur des Pantins, on ne faifoit que dire au Théatre ce que penfoient ceux même qui paffoient leur journée à ce fot amufement: mais les goûts conftans d'un peuple, fes coutumes, fes vieux préjugés, doivent être refpectés fur la Scene. Jamais Poëte ne s'eft bien trouvé d'avoir violé cette loi.

veloppa, comme fit auffi Corneille de fon côté. C'étoit l'ancien Théatre qui commençoit à choquer ce goût, parce que, dans un fiecle devenu plus poli, le Théatre gardoit fa premiere groffiereté. Auffi le goût général ayant changé depuis ces deux Auteurs, fi leurs chefs-d'œuvres étoient encore à paroître, tomberoient-ils infailliblement aujourd'hui. Les connoiffeurs ont beau les admirer toujours; fi le public les admire encore, c'eft plus par honte de s'en dédire que par un vrai fentiment de leurs beautés. On dit que jamais une bonne Piece ne tombe; vraiment je le crois bien, c'eft que jamais une bonne Piece ne choque les mœurs (d) de fon tems. Qui eft-ce qui doute que, fur nos Théatres, la meil-

(d) Je dis le goût ou les mœurs indifféremment: car bien que l'une de ces chofes ne foit pas l'autre, elles ont toujours une origine commune, & fouffrent les mêmes révolutions. Ce qui ne fignifie pas que le bon goût & les bonnes mœurs regnent toujours en même tems, propofition qui demande éclairciffement & difcuffion; mais qu'un certain état du goût répond toujours à un certain état des mœurs, ce qui eft inconteftable.

meilleure Piece de Sophocle ne tombât tout-à-plat? On ne fauroit fe mettre à la place de gens qui ne nous reffemblent point.

Tout Auteur qui veut nous peindre des mœurs étrangeres a pourtant grand foin d'approprier fa Piece aux nôtres. Sans cette précaution, l'on ne réuffit jamais, & le fuccès même de ceux qui l'ont prife a fouvent des caufes bien différentes de celles que lui fuppofe un obfervateur fuperficiel. Quand Arlequin Sauvage eft fi bien accueilli des Spectateurs, penfe-t-on que ce ffoit par le goût qu'ils prennent pour le fens & la fimplicité de ce perfonnage, & qu'un feul d'entr'eux voulût pour cela lui reffembler? C'eft, tout au-contraire, que cette Piece favorife leur tour d'efprit, qui eft d'aimer & rechercher les idées neuves & fingulieres. Or il n'y en a point de plus neuves pour eux que celles de la nature. C'eft précifément leur averfion pour les chofes communes, qui les ramene quelquefois aux chofes fimples.

Il s'enfuit de ces premieres obfervations, que l'effet général du Spectacle eft de renforcer le caractere national, d'augmenter les inclina-

sions

tions naturelles, & de donner une nouvelle énergie à toutes les paſſions. En ce ſens il ſembleroit que cet effet, ſe bornant à charger & non changer les mœurs établies, la Comédie ſeroit bonne aux bons & mauvaiſe aux méchans. Encore dans le premier cas reſteroit-il toujours à ſavoir ſi les paſſions trop irritées ne dégénerent point en vices. Je ſais que la Poëtique du Théatre prétend faire tout le contraire, & purger les paſſions en les excitant: mais j'ai peine à bien concevoir cette regle. Seroit-ce que pour devenir tempérant & ſage, il faut commencer par être furieux & fou?

„ E h non! ce n'eſt pas cela, diſent les par-
„ tiſans du Théatre. La Tragédie prétend bien
„ que toutes les paſſions dont elle fait des ta-
„ bleaux nous émeuvent; mais elle ne veut pas
„ toujours que notre affection ſoit la même que
„ celle du perſonnage tourmenté par une paſ-
„ ſion. Le plus ſouvent, au-contraire, ſon but
„ eſt d'exciter en nous des ſentimens oppoſés à
„ ceux qu'elle prête à ſes perſonnages". Ils diſent encore que ſi les Auteurs abuſent du pouvoir d'émouvoir les cœurs, pour mal placer
l'in-

l'intérêt , cette faute doit être attribuée à l'ignorance & à la dépravation des Artistes, & non point à l'art.   Ils difent enfin que la peinture fidelle des paffions & des peines qui les accompagnent , fuffit feule pour nous les faire éviter avec tout le foin dont nous fommes capables.

IL NE faut, pour fentir la mauvaife foi de toutes ces réponfes que confulter l'état de fon cœur à la fin d'une Tragédie. L'émotion , le trouble, & l'attendriffement qu'on fent en foi-même & qui fe prolonge après la Piece, annoncent-ils une difpofition bien prochaine à furmonter & régler nos paffions? Les impreffions vives & touchantes dont nous prenons l'habitude & qui reviennent fi fouvent , font-elles bien propres à modérer nos fentimens au befoin? Pourquoi l'image des peines qui naiffent des paffions, effaceroit-elle celle des tranfports de plaifir & de joie qu'on en voit auffi naître, & que les Auteurs ont foin d'embellir encore pour rendre leurs Pieces plus agréables? Ne fait-on pas que toutes les paffions font fœurs, qu'une feule fuffit pour en exciter mille, & que

                les

les combattre l'une par l'autre n'eſt qu'un moyen de rendre le cœur plus ſenſible à toutes? Le ſeul inſtrument qui ſerve à les purger eſt la raiſon, & j'ai déja dit que la raiſon n'avoit nul effet au Théatre. Nous ne partageons pas les affections de tous les perſonnages, il eſt vrai: car, leurs intérêts étant oppoſés, il faut bien que l'Auteur nous en faſſe préférer quelqu'un, autrement nous n'en prendrions point du tout; mais loin de choiſir pour cela les paſſions qu'il veut nous faire aimer, il eſt forcé de choiſir celles que nous aimons. Ce que j'ai dit du genre des Spectacles doit s'entendre encore de l'intérêt qu'on y fait régner. A Londres, un Drame intéreſſe en faiſant haïr les François; à Tunis, la belle paſſion ſeroit la piraterie; à Meſſine, une vengeance bien ſavoureuſe; à Goa, l'honneur de bruler des Juifs. Qu'un Auteur (a) choque ces maximes, il pourra faire

(a) Qu'on mette, pour voir, ſur la Scene Françoiſe, un homme droit & vertueux, mais ſimple & groſſier, ſans amour, ſans galanterie, & qui ne faſſe point de belles phraſes; qu'on y mette un ſage ſans pré

re une fort belle Piece où l'on n'ira point; &
& c'eſt alors qu'il faudra taxer cet Auteur d'i-
gnorance, pour avoir manqué à la premiere loi
de ſon art, à celle qui ſert de baſe à toutes les
autres, qui eſt de réuſſir. Ainſi le Théatre
purge les paſſions qu'on n'a pas, & fomente
celles qu'on a. Ne voila-t-il pas un remede
bien adminiſtré?

IL Y A donc un concours de cauſes générales & particulieres, qui doivent empêcher qu'on
ne puiſſe donner aux Spectacles la perfection
dont on les croit ſuſceptibles, & qu'ils ne pro-
duiſent les effets avantageux qu'on ſemble en
attendre. Quand on ſuppoſeroit même cette
perfection auſſi grande qu'elle peut être, & le
peuple auſſi bien diſpoſé qu'on voudra; encore
ces effets ſe réduiroient-ils à rien, faute de
moyens pour les rendre ſenſibles. Je ne ſache
que trois ſortes d'inſtrumens, à l'aide desquels

on

préjugés, qui, ayant reçu un affront d'un Spadaſſin,
refuſe de s'aller faire égorger par l'offenſeur, & qu'on
épuiſe tout l'art du Théatre pour rendre ces perſonnages intéreſſans comme le Cid au peuple François:
j'aurai tort, ſi l'on réuſſit.

B 5

on puiſſe agir ſur les mœurs d'un peuple; ſavoir, la force des loix, l'empire de l'opinion, & l'attrait du plaiſir.   Or les loix n'ont nul accès au Théatre, dont la moindre contrainte (b) feroit une peine & non pas un amuſement. L'opinion n'en dépend point, puis qu'au-lieu de faire la loi au public, le Théatre la reçoit de lui; & quant au plaiſir qu'on y peut prendre, tout ſon effet eſt de nous y ramener plus ſouvent.

EXAMINONS s'il en peut avoir d'autres. Le Théatre, me dit-on, dirigé comme il peut & doit l'être, rend la vertu aimable & le vice odieux.   Quoi donc? avant qu'il y eût des Comédies n'aimoit-on point les gens de bien,

ne

____

(b) Les loix peuvent déterminer les ſujets, la forme des Pieces, la maniere de les jouer; mais elles ne ſauroient forcer le public à s'y plaire. L'Empereur Néron chantant au Théatre faiſoit égorger ceux qui s'endormoient; encore ne pouvoit-il tenir tout le monde éveillé, & peu s'en fallut que le plaiſir d'un court ſommeil ne coûtât la vie à Veſpaſien.   Nobles Acteurs de l'Opera de Paris, ah, ſi vous euſſiez joui de la puiſſance impériale, je ne gémirois pas maintenant d'avoir trop vécu!

ne haïſſoit - on point les méchans, & ces ſentimens ſont - ils plus foibles dans les lieux dépourvus de Spectacles ? Le Théatre rend la
vertu aimable... Il opere un grand prodige de
faire ce que la nature & la raiſon font avant
lui ! Les méchans ſont haïs ſur la Scene ... Sont-
ils aimés dans la Société, quand on les y connoit pour tels ? Eſt - il bien ſûr que cette haine
ſoit plûtôt l'ouvrage de l'Auteur, que des forfaits qu'il leur fait commettre ? Eſt - il bien ſûr
que le ſimple récit de ces forfaits nous en donneroit moins d'horreur que toutes les couleurs
dont il nous les peint ? Si tout ſon art conſiſte
à nous montrer des malfaiteurs pour nous les
rendre odieux, je ne vois point ce que cet art
a de ſi admirable, & l'on ne prend là - deſſus
que trop d'autres leçons ſans celle - là. Oſerai-
je ajoûter un ſoupçon qui me vient ? Je doute
que tout homme à qui l'on expoſera d'avance
les crimes de Phedre ou de Médée, ne les dé-
teſte plus encore au commencement qu'à la fin
de la Piece ; & ſi ce doute eſt fondé, que faut-
il penſer de cet effet ſi vanté du Théatre ?

Je voudrois bien qu'on me montrât clairement

ment & fans verbiage , par quels moyens il pourroit produire en nous des fentimens que nous n'aurions pas , & nous faire juger des êtres moraux autrement que nous n'en jugeons en nous-mêmes ? Que toutes ces vaines prétentions approfondies font puériles & dépourvues de fens ! Ah fi la beauté de la vertu étoit l'ouvrage de l'art , il y a long-tems qu'il l'auroit défigurée ! Quant à moi , dût-on me traiter de méchant encore pour ofer foutenir que l'homme eft né bon , je le penfe & crois l'avoir prouvé ; la fource de l'intérêt qui nous attache à ce qui eft honnête & nous infpire de l'averfion pour le mal , eft en nous & non dans les Pieces. Il n'y a point d'art pour faire naître cet intérêt , mais feulement pour s'en prévaloir. L'amour du beau (c) eft un fentiment auffi naturel au cœur humain que l'amour de foi-même ; il n'y naît point d'un arrangement de fcenes ; l'auteur ne l'y porte pas , il l'y trouve ; & de ce

---

(c) C'eft du beau moral qu'il eft ici queftion. Quoiqu'en difent les Philofophes, cet amour eft inné dans l'homme , & fert de principe à la confcience.

ce pur fentiment qu'il flate naiffent les douces larmes qu'il fait couler.

IMAGINEZ la Comédie auffi parfaite qu'il vous plaira. Où eft celui qui, s'y rendant pour la premiere fois, n'y va pas déja convaincu de ce qu'on y prouve, & déja prévenu pour ceux qu'on y fait aimer ? Mais ce n'eft pas de cela qu'il eft queftion ; c'eft d'agir conféquemment à fes principes & d'imiter les gens qu'on efti-me. Le cœur de l'homme eft toujours droit fur tout ce qui ne fe rapporte pas perfonnelle-ment à lui. Dans les querelles dont nous fom-mes purement Spectateurs, nous prenons à l'in-ftant le parti de la juftice, & il n'y a point d'acte de méchanceté qui ne nous donne une vive indignation, tant que nous n'en tirons au-cun profit : mais quand notre intérêt s'y mêle, bientôt nos fentimens fe corrompent ; & s'eft alors feulement que nous préférons le mal qui nous eft utile, au bien que nous fait aimer la nature. N'eft-ce pas un effet néceffaire de la conftitution des chofes, que le méchant tire un double avantage, de fon injuftice, & de la probité d'autrui ? Quel traité plus avantageux

pour-

pourroit-il faire, que d'obliger le monde entier d'être juste, excepté lui seul; en sorte que chacun lui rendît fidellement ce qui lui est dû, & qu'il ne rendît ce qu'il doit à personne? Il aime la vertu, sans doute, mais il l'aime dans les autres, par ce qu'il espere en profiter; il n'en veut point pour lui, parce qu'elle lui seroit coûteuse. Que va-t-il donc voir au Spectacle? Précisément ce qu'il voudroit trouver par-tout; des leçons de vertu pour le public dont il s'excepte, & des gens immolant tout à leur devoir, tandis qu'on n'éxige rien de lui.

J'entens dire que la Tragédie mene à la pitié par la terreur; soit, mais quelle est cette pitié? Une émotion passagere & vaine, qui ne dure pas plus que l'illusion qui l'a produite; un reste de sentiment naturel étouffé bientôt par les passions; une pitié stérile qui se repaît de quelques larmes, & n'a jamais produit le moindre acte d'humanité. Ainsi pleuroit le sanguinaire Sylla au récit des maux qu'il n'avoit pas faits lui-même. Ainsi se cachoit le tyran de Phere au Spectacle, de peur qu'on ne le vît gémir avec Andromaque & Priam, tandis qu'il

écou-

écoutoit sans émotion les cris de tant d'infortunés, qu'on egorgeoit tous les jours par ses ordres.

Si, selon la remarque de Diogene-Laërce,
le cœur s'attendrit plus volontiers à des maux
feints qu'à des maux véritables; si les imitations du Théatre nous arrachent quelquefois plus
de pleurs que ne feroit la présence même des
des objets imités; c'est moins, comme le pense
l'Abbé du Bos, parce que les émotions sont
plus foibles & ne vont pas jusqu'à la douleur
(d), que parce qu'elles sont pures & sans mêlange d'inquiétude pour nous-mêmes. En donnant des pleurs à ces fictions, nous avons satis-
fait à tous les droits de l'humanité, sans avoir
plus

(d) Il dit que le Poëte ne nous afflige qu'autant
que nous le voulons; qu'il ne nous fait aimer ses Héros qu'autant qu'il nous plaît. Cela est contre toute
expérience. Plusieurs s'abstiennent d'aller à la Tragédie, parce qu'ils en sont émus au point d'en être in-
commodés; d'autres, honteux de pleurer au Spectacle, y pleurent pourtant malgré eux; & ces effets ne
sont pas assés rares pour n'être qu'une exception à
la maxime de cet Auteur.

plus rien à mettre du nôtre ; au-lieu que les infortunés en personne exigeroient de nous des soins, des soulagemens, des confolations, des travaux qui pourroient nous affocier à leurs peines, qui coûteroient du-moins à notre indolence, & dont nous fommes bien aifes d'être exemptés. On diroit que notre cœur fe refferre, de peur de s'attendrir à nos dépends.

Au fond, quand un homme eft allé admirer de belles actions dans des fables, & pleurer des malheurs imaginaires, qu'a-t-on encore à éxiger de lui ? N'eft-il pas content de lui-même ? Ne s'applaudit-il pas de fa belle ame ? Ne s'eft-il pas acquité de tout ce qu'il doit à la vertu par l'hommage qu'il vient de lui rendre ? Que voudroit-on qu'il fît de plus ? Qu'il la pratiquât lui-même ? Il n'a point de role à jouer : il n'eft pas Comédien.

Plus j'y réfléchis, & plus je trouve que tout ce qu'on met en répréfentation au Théatre, on ne l'approche pas de nous, on l'en éloigne. Quand je vois le Comte d'Effex, le regne d'Elifabeth fe recule à mes yeux de dix fiecles, & fi l'on jouoit un évenement arrivé hier dans Paris,

ris, on me le feroit fuppofer du tems de Moliere. Le Théatre a fes regles, fes maximes, fa morale à part, ainfi que fon langage & fes vêtemens. On fe dit bien que rien de tout cela ne nous convient, & l'on fe croiroit auffi ridicule d'adopter les vertus de fes héros, que de parler en vers, & d'endoffer un habit à la Romaine. Voila donc à peu près à quoi fervent tous ces grands fentimens & toutes ces brillantes maximes qu'on vante avec tant d'emphafe; à les reléguer à jamais fur la Scene, & à nous montrer la vertu comme un jeu de Théatre, bon pour amufer le public, mais qu'il y auroit de la folie à vouloir tranfporter férieufement dans la Société. Ainfi la plus avantageufe impreffion des meilleures Tragédies eft de réduire à quelques affections paffageres, ftériles & fans effet, tous les devoirs de la vie humaine; à peu près comme ces gens polis qui croient avoir fait un acte de charité, en difant au pauvre; Dieu vous affifte.

On peut, il eft vrai, donner un appareil plus fimple à la Scene, & rapprocher dans la Comédie le ton du Théatre de celui du monde:

mais

mais de cette manière on ne corrige pas les mœurs, on les peint, & un laid visage ne paroît point laid à celui qui le porte. Que si l'on veut les corriger par leur charge, on quite la vraisemblance & la nature, & le tableau ne fait plus d'effet. La charge ne rend pas les objets haïssables, elle ne les rend que ridicules; & de-là résulte un très grand inconvénient, c'est qu'à force de craindre les ridicules, les vices n'effraient plus, & qu'on ne sauroit guérir les premiers sans fomenter les autres. Pourquoi, direz-vous, supposer cette opposition nécessaire? Pourquoi, Monsieur? Parce que les bons ne tournent point les méchans en dérision, mais les écrasent de leur mépris, & que rien n'est moins plaisant & risible que l'indignation de la vertu. Le ridicule, au-contraire, est l'arme favorite du vice. C'est par elle qu'attaquant dans le fond des cœurs le respect qu'on doit à la vertu, il éteint enfin l'amour qu'on lui porte.

Ainsi tout nous force d'abandonner cette vaine idée de perfection qu'on nous veut donner de la forme des Spectacles, dirigés vers l'utilité publique. C'est une erreur, disoit le gra-

ve

ve Muralt, d'efpérer qu'on y montre fidellement les véritables rapports des chofes : car, en général, le Poëte ne peut qu'altérer ces rapports, pour les accommoder au goût du peuple. Dans le comique il les diminue & les met au deffous de l'homme; dans le tragique, il les étend pour les rendre héroïques, & les met au deffus de l'humanité. Ainfi jamais ils ne font à fa mefure, & toujours nous voyons au Théatre d'autres êtres que nos femblables. J'ajouterai que cette différence eft fi vraie & fi reconnue qu'Ariftote en fait une regle dans fa Poëtique. *Comœdia enim deteriores, Tragœdia meliores quam nunc funt imitari conantur.* Ne voila-t-il pas une imitation bien entendue, qui fe propofe pour objet ce qui n'eft point, & laiffe, entre le défaut & l'excés, ce qui eft, comme une chofe inutile ? Mais qu'importe la vérité de l'imitation, pourvu que l'illufion y foit ? Il ne s'agit que de piquer la curiofité du peuple. Ces productions d'efprit, comme la plûpart des autres, n'ont pour but que les applaudiffemens. Quand l'Auteur en reçoit & que les Acteurs les partagent, la Piece eft parvenue à fon

C 2

but

but & l'on n'y cherche point d'autre utilité. Or fi le bien eft nul: refte le mal, & comme celui-ci n'eft pas douteux, la queftion me paroît décidée ; mais paffons à quelques exemples, qui puiffent en rendre la folution plus fenfible.

Je crois pouvoir avancer, comme une vérité facile à prouver, en conféquence des précédentes, que le Théatre François, avec les défauts qui lui reftent, eft cependant à peu près auffi parfait qu'il peut l'être, foit pour l'agrément, foit pour l'utilité ; & que ces deux avantages y font dans un rapport qu'on ne peut troubler fans ôter à l'un plus qu'on ne donneroit à l'autre, ce qui rendroit ce même Théatre moins parfait encore. Ce n'eft pas qu'un homme de génie ne puiffe inventer un genre de Pieces préférable à ceux qui font établis : mais ce nouveau genre, ayant befoin pour fe foutenir des talens de l'Auteur, périra néceffairement avec lui ; & fes fucceffeurs, dépourvus des mêmes reffources, feront toujours forcés de revenir aux moyens communs d'intéreffer & de plaire. Quels font ces moyens parmi nous ? Des actions

tions

tions célebres, de grands noms, de grands crimes, & de grandes vertus dans la Tragédie; le
comique & le plaisant dans la Comédie; &
toujours l'amour dans toutes deux (a). Je demande quel profit les mœurs peuvent tirer de
tout cela?

ON ME dira que dans ces Pieces le crime
est toujours puni, & la vertu toujours récom-
pensée. Je réponds que, quand cela seroit, la
plûpart des actions tragiques, n'étant que de
pures fables, des évenemens qu'on sait être de
l'invention du Poëte, ne font pas une grande
impression sur les Spectateurs; à force de leur
montrer qu'on veut les instruire, on ne les instruit plus. Je réponds encore que ces punitions & ces récompenses s'operent toujours par
des moyens si extraordinaires, qu'on n'attend
rien de pareil dans le cours naturel des choses
hu-

(a) Les Grecs n'avoient pas besoin de fonder sur
l'amour le principal intérêt de leur Tragédie, & ne
l'y fondoient pas, en effet. La nôtre, qui n'a pas
la même ressource, ne sauroit se passer de cet intérêt. On verra dans la suite la raison de cette différence.

humaines. Enfin je réponds en niant le fait. Il n'eft, ni ne peut être généralement vrai : car cet objet, n'étant point celui fur lequel les Auteurs dirigent leurs Pieces, ils doivent rarement l'atteindre, & fouvent il feroit un obftacle au fuccès. Vice ou vertu, qu'importe, pourvu qu'on en impofe par un air de grandeur ? Auffi la Scene Françoife, fans contredit la plus parfaite, ou du-moins la plus régulière qui ait encore exifté, n'eft-elle pas moins le triomphe des grands fcélérats que des plus illuftres héros : témoin Catilina, Mahomet, Atrée, & beaucoup d'autres.

Je comprends bien qu'il ne faut pas toujours regarder à la cataftrophe pour juger de l'effet moral d'une Tragédie, & qu'à cet égard l'objet eft rempli quand on s'intéreffe pour l'infortuné vertueux, plus que pour l'heureux coupable : ce qui n'empêche point qu'alors la prétendue regle ne foit violée. Comme il n'y a perfonne qui n'aimât mieux être Britannicus que Néron, je conviens qu'on doit compter en ceci pour bonne, la Piece qui les repréfente, quoique Britannicus y périffe. Mais par le même principe,
cipe,

cipe, quel jugement porterons-nous d'une Tragédie où, bien que les criminels foient punis,
ils nous font préfentés fous un afpect fi favora-
ble que tout l'intérêt eft pour eux? Où Caton, le plus grand des humains, fait le rôle
d'un pédant? où Ciceron, le fauveur de la République, Ciceron, de tous ceux qui porterent
le nom de peres de la patrie le premier qui
en fut honoré & le feul qui le mérita, nous
eft montré comme un vil Rhéteur, un lâche;
tandis que l'infame Catilina, couvert de crimes
qu'on n'oferoit nommer, prêt d'égorger tous
fes magiftrats, & de réduire fa patrie en cen-
dres, fait le rôle d'un grand homme & réunit, par fes talens, fa fermeté, fon courage,
toute l'eftime des Spectateurs? Qu'il eut, fi
l'on veut, une ame forte: en étoit-il moins un
fcélérat déteftable, & faloit-il donner aux forfaits d'un brigand le coloris des exploits d'un
héros? A quoi donc aboutit la morale d'une
pareille Piece, fi ce n'eft à encourager des Catilina, & à donner aux méchans habiles le prix
de l'eftime publique due aux gens de bien?
Mais tel eft le goût qu'il faut flater fur la Sce-

C 4

ne;

ne, telles font les mœurs d'un fiecle inftruit. Le favoir, l'efprit, le courage ont feuls notre admiration ; & toi, douce & modefte Vertu, tu reftes toujours fans honneurs ! Aveugles que nous fommes au milieu de tant de lumieres ! Victimes de nos applaudiffemens infenfés, n'apprendrons-nous jamais combien mérite de mépris & de haine tout homme qui abufe, pour le malheur du genre humain, du génie & des talens que lui donna la Nature?

Atrée & Mahomet n'ont pas même la foible reffource du dénouement. Le monftre qui fert de héros à chacune de ces deux Pieces acheve paifiblement fes forfaits, en jouit, & l'un des deux le dit en propres termes au dernier vers de la Tragédie.

Et je jouis enfin du prix de mes forfaits.

JE veux bien fuppofer que les Spectateurs, renvoyés avec cette belle maxime, n'en concluront pas que le crime a donc un prix de plaifir & de jouiffance ; mais je demande enfin de quoi leur aura profité la Piece où cette maxime eft mife en exemple?

QUANT

QUANT à Mahomet, le défaut d'attacher l'admiration publique au coupable, y feroit d'autant plus grand que celui-ci a bien un autre coloris, fi l'Auteur n'avoit eu foin de porter fur un fecond perfonnage un intérêt de refpect & de vénération, capable d'effacer ou de balancer au moins la terreur & l'étonnement que Mahomet infpire. La fcene, fur-tout, qu'ils ont enfemble eft conduite avec tant d'art que Mahomet, fans fe démentir, fans rien perdre de la fupériorité qui lui eft propre, eft pourtant eclipfé par le fimple bon fens & l'intrépide vertu de Zopire (b). Il falloit un Auteur qui fentît bien

fa

(b) Je me fouviens d'avoir trouvé dans Omar plus de chaleur & d'élévation vis-à-vis de Zopire, que dans Mahomet lui-même; & je prenois cela pour un défaut. En y penfant mieux, j'ai changé d'opinion. Omar emporté par fon fanatifme ne doit parler de fon maître qu'avec cet enthoufiafme de zele & d'admiration qui l'eleve au deffus de l'humanité. Mais Mahomet n'eft pas fanatique; c'eft un fourbe qui, fachant bien qu'il n'eft pas queftion de faire l'infpiré vis-à-vis de Zopire, cherche à le gagner par une confiance affectée & par des motifs d'ambition. Ce ton de raifon doit le rendre moins brillant qu'Omar, par cela même qu'il eft plus grand

C 5

&

force, pour oſer mettre vis-à-vis l'un de l'autre deux pareils interlocuteurs. Je n'ai jamais ouï faire de cette ſcene en particulier tout l'éloge dont elle me paroît digne ; mais je n'en connois pas une au Théatre François, où la main d'un grand-maître ſoit plus ſenſiblement empreinte, & où le ſacré caractere de la vertu l'emporte plus ſenſiblement ſur l'élévation du génie.

Une autre conſidération qui tend à juſtifier cette Piece, c'eſt qu'il n'eſt pas ſeulement queſtion d'étaler des forfaits, mais les forfaits du fanatiſme en particulier, pour apprendre au peuple à le connoître & s'en deffendre. Par malheur, de pareils ſoins ſont très inutiles, & ne ſont pas toujours ſans danger. Le fanatiſme n'eſt pas une erreur, mais une fureur aveugle & qu'il fait mieux diſcerner les hommes. Lui-même dit, ou fait entendre tout cela dans la ſcene. C'étoit donc ma faute ſi je ne l'avois pas ſenti : mais voila ce qui nous arrive à nous autres petits Auteurs. En voulant cenſurer les écrits de nos maîtres, notre étourderie nous y fait relever mille fautes qui ſont des beautés pour les hommes de jugement.

gle & stupide que la raison ne retient jamais.
L'unique secret pour l'empêcher de naître, est
de contenir ceux qui l'excitent. Vous avez
beau démontrer à des foux que leurs chefs les
trompent, ils n'en sont pas moins ardens à les
suivre. Que si le fanatisme existe une fois, je
ne vois encore qu'un seul moyen d'arrêter son
progrès : c'est d'employer contre lui ses propres armes. Il ne s'agit ni de raisonner ni de
convaincre ; il faut laisser là la philosophie,
fermer les livres, prendre le glaive & punir
les fourbes. De plus, je crains bien, par
rapport à Mahomet, qu'aux yeux des Spectateurs, sa grandeur d'ame ne diminue beaucoup
l'atrocité de ses crimes ; & qu'une pareille Piece,
jouée devant des gens en état de choisir, ne fît
plus de Mahomets que de Zopires. Ce qu'il y
a, du-moins, de bien sûr, c'est que de pareils exemples ne sont guere encourageans pour
la vertu.

Le noir Atrée n'a aucune de ces excuses,
l'horreur qu'il inspire est à pure perte ; il ne
nous apprend rien qu'à frémir de son crime ;
& quoiqu'il ne soit grand que par sa fureur, il

n'y

n'y a pas dans toute la Piéce un feul perfonnage en état par fon caractere de partager avec lui l'attention publique : car, quant au doucereux Plifthene, je ne fais comment on l'a pu fup-porter dans une pareille Tragédie. Séneque n'a point mis d'amour dans la fienne, & puifque l'Auteur moderne a pu fe réfoudre à l'imiter dans tout le refte, il auroit bien dû l'imiter encore en cela. Affurément il faut avoir un cœur bien flexible pour fouf-frir des entretiens galants à côté des fcenes d'Atrée.

Avant de finir fur cette Piece, je ne puis m'empêcher d'y remarquer un mérite qui femblera peut-être un défaut à bien des gens. Le rôle de Thyefte eft peut-être de tous ceux qu'on a mis fur notre Théatre le plus fen-tant le goût antique. Ce n'eft point un hé-ros courageux, ce n'eft point un modele de vertu, on ne peut pas dire non plus que ce foit un fcélérat (c) ; c'eft un homme foible &

____

(c) La preuve de cela, c'eft qu'il intéreffe. Quant à la faute dont il eft puni, elle eft ancien-ne,

& pourtant intéreſſant, par cela ſeul qu'il eſt homme & malheureux. Il me ſemble auſſi que par cela ſeul, le ſentiment qu'il excite eſt extrêmement tendre & touchant : car cet homme tient de bien près à chacun de nous, au-lieu que l'héroïſme nous accable encore plus qu'il ne nous touche ; parce qu'après tout, nous n'y avons que faire. Ne ſeroit-il pas à deſirer que nos ſublimes Auteurs daignaſſent deſcendre un peu de leur continuelle élévation & nous attendrir quelquefois pour la ſimple humanité ſouffrante, de peur que, n'ayant de la pitié que pour des héros malheureux, nous n'en ayons jamais pour perſonne. Les anciens avoient des héros & mettoient des hommes ſur leurs Théatres ; nous, au-contraire, nous n'y mettons que des héros, & à peine avons-nous des hommes. Les anciens parloient de l'humanité en phraſes moins apprétées ; mais ils ſavoient mieux l'exercer.

ne, elle eſt trop expiée, & puis c'eſt peu de choſe pour un méchant de Théatre qu'on ne tient point pour tel, s'il ne fait frémir d'horreur.

xercer. On pourroit appliquer à eux & à nous un trait rapporté par Plutarque & que je ne puis m'empêcher de transcrire. Un Vieillard d'Athenes cherchoit place au Spectacle & n'en trouvoit point ; de jeunes gens, le voyant en peine, lui firent signe de loin ; il vint, mais ils se serrerent & se moquerent de lui. Le bon homme fit ainsi le tour du Théatre, fort embarrassé de sa personne & toujours hué de la belle jeunesse. Les Ambassadeurs de Sparte s'en apperçurent, & se levant à l'instant, placerent honorablement le Vieillard au milieu d'eux. Cette action fut remarquée de tout le Spectacle & applaudie d'un battement de mains universel. *Eh, que de maux !* s'écria le bon Vieillard, d'un ton de douleur, *les Athéniens savent ce qui est honnête, mais les Lacédémoniens le pratiquent.* Voilà la philosophie moderne, & les mœurs anciennes.

Je reviens à mon sujet. Qu'apprend-on dans Phedre & dans Oedipe, sinon que l'homme n'est pas libre, & que le Ciel le punit des crimes qu'il lui fait commettre ?
Qu'ap-

Qu'apprend-on dans Médée, si ce n'est jusqu'où la fureur de la jalousie peut rendre une mere cruelle & dénaturée ? Suivez la plûpart des Pieces du Théatre François : vous trouverez presque dans toutes des monstres abominables & des actions atroces, utiles, si l'on veut, à donner de l'intérêt aux Pieces & de l'exercice aux vertus, mais dangereuses certainement, en ce qu'elles accoutument les yeux du peuple à des horreurs qu'il ne devroit pas même connoître & à des forfaits qu'il ne devroit pas supposer possibles. Il n'est pas même vrai que le meurtre & le parricide y soient toujours odieux. A la faveur de je ne sais quelles commodes suppositions, on les rend permis, ou pardonnables. On a peine à ne pas excuser Phedre incestueuse & versant le sang innocent. Syphax empoisonnant sa femme, le jeune Horace poignardant sa sœur, Agamemnon immolant sa fille, Oreste égorgeant sa mere, ne laissent pas d'être des personnages intéressans. Ajoutez que l'Auteur, pour faire parler chacun selon son caractere, est forcé de mettre dans la bouche

des

des méchans leurs maximes & leurs principes, revêtus de tout l'éclat des beaux vers,
& débités d'un ton impofant & fententieux,
pour l'inftruction du Parterre.

Si les Grecs fupportoient de pareils Spectacles, c'étoit comme leur repréfentant des
antiquités nationales qui couroient de tous tems
parmi le peuple, qu'ils avoient leurs raifons
pour fe rappeller fans ceffe, & dont l'odieux
même entroit dans leurs vues. Dénuée des
mêmes motifs & du même intérêt, comment
la même Tragédie peut-elle trouver parmi vous
des Spectateurs capables de foutenir les tableaux qu'elle leur préfente, & les perfonnages
qu'elle y fait agir ? L'un tue fon pere, époufe
fa mere, & fe trouve le frere de fes enfans.
Un autre force un fils d'égorger fon pere. Un
troifieme fait boire au pere le fang de fon
fils. On friffonne à la feule idée des horreurs dont on pare la Scene Françoife, pour
l'amufement du Peuple le plus doux & le plus
humain qui foit fur la terre! Non... je le fou-
tiens, & j'en attefte l'effroi des Lecteurs, les
maffacres des Gladiateurs n'étoient pas fi bar-

bares

bares que ces affreux Spectacles. On voyoit couler du fang, il eſt vrai; mais on ne fouil-loit pas fon imagination de crimes qui font frémir la Nature.

Heureusement la Tragédie telle qu'el-le exiſte eſt ſi loin de nous, elle nous préſente des êtres ſi gigantesques, ſi bourſoufflés, ſi chimériques, que l'exemple de leurs vices n'eſt guéres plus contagieux que celui de leurs ver-tus n'eſt utile, & qu'à proportion qu'elle veut moins nous inſtruire, elle nous fait auſſi moins de mal. Mais il n'en eſt pas ainſi de la Co-médie, dont les mœurs ont avec les nôtres un rapport plus immédiat, & dont les perſonna-ges reſſemblent mieux à des hommes. Tout en eſt mauvais & pernicieux, tout tire à con-féquence pour les Spectateurs; & le plaiſir même du comique étant fondé ſur un vice du cœur humain, c'eſt une ſuite de ce principe que plus la Comédie eſt agréable & parfaite, plus ſon effet eſt funeſte aux mœurs: mais ſans répéter ce que j'ai déja dit de ſa nature, je me contenterai d'en faire ici l'application, & de jetter un coup d'œil ſur votre Théatre comique.   D   PRE-

PRENONS-LE dans sa perfection, c'est-à-dire, à sa naissance. On convient & on le sentira chaque jour davantage, que Moliere est le plus parfait Auteur comique dont les ouvrages nous soient connus ; mais qui peut disconvenir aussi que le Théatre de ce même Moliere, des talens duquel je suis plus l'admirateur que personne, ne soit une école de vices & de mauvaises mœurs, plus dangereuse que les livres mêmes où l'on fait profession de les enseigner ? Son plus grand soin est de tourner la bonté & la simplicité en ridicule, & de mettre la ruse & le mensonge du parti pour lequel on prend intérêt ; ses honnêtes gens ne font que des gens qui parlent, ses vicieux font des gens qui agissent & que les plus brillans succès favorissent le plus souvent ; enfin l'honneur des applaudissemens, rarement pour le plus estimable, est presque toujours pour le plus adroit.

EXAMINEZ le comique de cet Auteur: par-tout vous trouverez que les vices de caractere en font l'instrument, & les défauts naturels le sujet ; que la malice de l'un punit la

sim-

simplicité de l'autre ; & que les fots font les victimes des méchans : ce qui, pour n'être que trop vrai dans le monde, n'en vaut pas mieux à mettre au Théatre avec un air d'approbation, comme pour exciter les ames perfides à punir, fous le nom de fotife, la candeur des honnêtes gens.

Dat veniam corvis, vexat cenfura columbas.

Voila l'efprit général de Moliere & de fes imitateurs. Ce font des gens qui, tout au plus, raillent quelquefois les vices, fans jamais faire aimer la vertu ; de ces gens, difoit un Ancien, qui favent bien moucher la lampe, mais qui n'y mettent jamais d'huile.

Voyez comment, pour multiplier fes plaifanteries, cet homme trouble tout l'ordre de la Société ; avec quel fcandale il renverfe tous les rapports les plus facrés fur lefquels elle eft fondée ; comment il tourne en dérifion les refpectables droits des peres fur leurs enfans, des maris fur leurs femmes, des maîtres fur leurs ferviteurs ! Il fait rire, il eft vrai, & n'en devient que plus coupable, en forçant,

D 2

par

par un charme invincible , les Sages mêmes
de fe prêter à des railleries qui devroient attirer leur indignation. J'entens dire qu'il attaque les vices ; mais je voudrois bien que
l'on comparât ceux qu'il attaque avec ceux
qu'il favorife. Quel eft le plus blamable d'un
Bourgeois fans efprit & vain qui fait fotte-
ment le Gentilhomme , ou du Gentilhomme
fripon qui le dupe ? Dans la Piece dont je
parle, ce dernier n'eft-il pas l'honnête-homme ? N'a-t-il pas pour lui l'intérêt & le
Public n'applaudit-il pas à tous les tours
qu'il fait à l'autre ? Quel eft le plus criminel
d'un Payfan affés fou pour époufer une De-
moifelle, ou d'une femme qui cherche à déshonorer fon époux ? Que penfer d'une Piece
où le Parterre applaudit à l'infidélité, au menfonge, à l'impudence de celle-ci, & rit de la
bêtife du Manan puni ? C'eft un grand vice
d'être avare & de prêter à ufure ; mais n'en
eft-ce pas un plus grand encore à un fils de
voler fon pere , de lui manquer de refpect,
de lui faire mille infultans reproches, &,
quand ce pere irrité lui donne fa malédiction,

de

de répondre d'un air goguenard qu'il n'a que faire de ſes dons ? Si la plaiſanterie eſt excellente, en eſt-elle moins puniſſable ; & la Piece où l'on fait aimer le fils inſolent qui l'a faite, en eſt-elle moins une école de mauvaiſes mœurs ?

Je ne m'arréterai point à parler des Valets. Ils ſont condamnés par tout le monde (d) ; & il ſeroit d'autant moins juſte d'imputer à Moliere les erreurs de ſes modeles & de ſon ſiecle qu'il s'en eſt corrigé lui-même. Ne nous prévalons, ni des irrégularités qui peuvent ſe trouver dans les ouvrages de ſa jeuneſſe, ni de ce qu'il y a de moins bien

dans

(d) Je ne décide pas s'il faut en effet les condamner. Il ſe peut que les Valets ne ſoient plus que les inſtrumens des méchancetés des maîtres, depuis que ceux-ci leur ont ôté l'honneur de l'invention. Cependant je douterois qu'en ceci l'image trop naïve de la Société fût bonne au Théatre. Suppoſé qu'il faille quelques fourberies dans les Pieces, je ne ſais s'il ne vaudroit pas mieux que les Valets ſeuls en fuſſent chargés & que les honnêtes gens fuſſent auſſi des gens honnêtes : au-moins ſur la Scene.

D 3

dans ſes autres Pieces, & paſſons tout d'un coup à celle qu'on reconnoît unanimement pour ſon chef-d'œuvre: je veux dire, le Miſantrope.

Je trouve que cette Comédie nous découvre mieux qu'aucune autre la véritable vue dans laquelle Moliere a compoſé ſon Théatre; & nous peut mieux faire juger de ſes vrais effets. Ayant à plaire au Public, il a conſulté le goût le plus général de ceux qui le compoſent: ſur ce goût il s'eſt formé un modele, & ſur ce modele un tableau des défauts contraires, dans lequel il a pris ſes caracteres comiques, & dont il a diſtribué les divers traits dans ſes Pieces. Il n'a donc point prétendu former un honnête-homme, mais un homme du monde; par conſéquent, il n'a point voulu corriger les vices, mais les ridicules; &, comme j'ai déja dit, il a trouvé dans le vice même un inſtrument très propre à y réuſſir. Ainſi voulant expoſer à la riſée publique tous les défauts oppoſés aux qualités de l'homme aimable, de l'homme de Société, après avoir joué tant d'autres ridicules, il lui reſtoit à

jouer

jouer celui que le monde pardonne le moins, le ridicule de la vertu : c'est ce qu'il a fait dans le Misantrope.

Vous ne sauriez me nier deux choses : l'une, qu'Alceste dans cette Piece est un homme droit, sincere, estimable, un véritable homme de bien ; l'autre, que l'Auteur lui donne un personnage ridicule. C'en est assés, ce me semble, pour rendre Moliere inexcusable. On pourroit dire qu'il a joué dans Alceste, non la vertu, mais un véritable défaut, qui est la haine des hommes. A cela je réponds qu'il n'est pas vrai qu'il ait donné cette haine à son personnage : il ne faut pas que ce nom de Misantrope en impose, comme si celui qui le porte étoit ennemi du genre humain. Une pareille haine ne seroit pas un défaut, mais une dépravation de la Nature & le plus grand de tous les vices : puisque, toutes les vertus sociales se rapportant à la bienfaisance, rien ne leur est si directement contraire que l'inhumanité. Le vrai Misantrope est un monstre. S'il pouvoit exister, il ne feroit pas rire ; il feroit horreur. Vous pouvez avoir vu à la Comédie Italienne une Piece intitulée, *la vie est un songe*. Si vous vous rappellez le Héros de cette Piece, voila le vrai Mifantrope.

Qu'est-ce donc que le Mifantrope de Moliere ? Un homme de bien qui détefte les mœurs de fon fiecle & la méchanceté de fes Contemporains ; qui, précifément parce qu'il aime fes femblables, hait en eux les maux qu'ils fe font réciproquement & les vices dont ces maux font l'ouvrage. S'il étoit moins touché des erreurs de l'humanité, moins indigné des iniquités qu'il voit, feroit-il plus humain lui-même ? Autant vaudroit foutenir qu'un tendre pere aime mieux les enfans d'autrui que les fiens, parce qu'il s'irrite des fautes de ceux-ci, & ne dit jamais rien aux autres.

Ces fentimens du Mifantrope font parfaitement développés dans fon rôle. Il dit, je l'avoue, qu'il a conçu une haine effroyable contre le genre humain ; mais en quelle occafion le dit-il (e) ? Quand, outré d'avoir vu

fon

______

(e) J'avertis qu'étant fans livres, fans mémoire,

son ami trahir lâchement son sentiment & tromper l'homme qui le lui demande, il s'en voit encore plaisanter lui - même au plus fort de sa colere. Il est naturel que cette colere dégénere en emportement & lui fasse dire alors plus qu'il ne pense de sang-froid. D'ailleurs, la raison qu'il rend de cette haine universelle en justifie pleinement la cause.

> *les uns, parce qu'ils sont méchans,*
> *Et les autres, pour être aux méchans complaisans.*

Ce n'est donc pas des hommes qu'il est ennemi, mais de la méchanceté des uns & du support que cette méchanceté trouve dans les autres. S'il n'y avoit ni frippons, ni flatteurs, il aimeroit tout le monde. Il n'y a pas un homme de bien qui ne soit Misantrope en ce sens;

re, & n'ayant pour tous matériaux qu'un confus souvenir des observations que j'ai faites autrefois au Spectacle, je puis me tromper dans mes citations & renverser l'ordre des Pieces. Mais quand mes exemples seroient peu justes, mes raisons ne le seroient pas moins, attendu qu'elles ne sont point tirées de telle ou telle Piece, mais de l'esprit général du Théatre, que j'ai bien étudié.

fens ; ou plutôt , les vrais Mifantropes font
ceux qui ne penfent pas ainfi : car au fond,
je ne connois point de plus grand ennemi des
hommes que l'ami de tout le monde , qui,
toujours charmé de tout, encourage incéffam-
ment les méchans , & flatte par fa coupable
complaifance les vices d'où naiffent tous les
défordres de la Société.

UNE preuve bien fûre qu'Alcefte n'eft
point Mifantrope à la lettre , c'eft qu'avec
fes brufqueries & fes incartades , il ne laiffe
pas d'intéreffer & de plaire. Les Spectateurs
ne voudroient pas, à la vérité, lui reffembler :
parce que tant de droiture eft fort incommo-
de ; mais aucun d'eux ne feroit fâché d'avoir
à faire à quelqu'un qui lui reffemblât , ce qui
n'arriveroit pas s'il étoit l'ennemi déclaré des
hommes. Dans toutes les autres Pieces de
Moliere , le perfonnage ridicule eft toujours
haïffable ou méprifable ; dans celle-là, quoiqu'Alcefte ait des défauts réels dont on n'a
pas tort de rire, on fent pourtant au fond du
cœur un refpect pour lui dont on ne peut fe
défendre. En cette occafion , la force de la

vertu

vertu l'emporte fur l'art de l'Auteur & fait honneur à fon caractere. Quoique Moliere fît des Pieces répréhenfibles, il étoit perfonnelle-ment honnête-homme, & jamais le pinceau d'un honnête-homme ne fut couvrir de cou-leurs odieufes les traits de la droiture & de la probité. Il y a plus : Moliere a mis dans la bouche d'Alcefte un fi grand nombre de fes propres maximes que plufieurs ont cru qu'il s'étoit voulu peindre lui-même. Cela parut dans le dépit qu'eut le Parterre à la pre-miere repréfentation, de n'avoir pas été, fur le Sonnet, de l'avis du Mifantrope: car on vit bien que c'étoit celui de l'Auteur.

CEPENDANT ce caractere fi vertueux eft préfenté comme ridicule ; il l'eft, en ef-fet, à certains égards, & ce qui démontre que l'intention du Poëte eft bien de le rendre tel, c'eft celui de l'ami Philinte qu'il met en oppofition avec le fien. Ce Philinte eft le Sage de la Piece ; un de ces honnêtes gens du grand monde, dont les maximes reffem-blent beaucoup à celles des fripons ; de ces gens fi doux, fi modérés, qui trouvent tou-

jours

jours que tout va bien, parce qu'ils ont intérêt que rien n'aille mieux; qui font toujours
contens de tout le monde, parce qu'ils ne fe
foucient de perfonne; qui, autour d'une bonne table, foutiennent qu'il n'eft pas vrai que
le peuple ait faim; qui, le gouffet bien gar-
ni, trouvent fort mauvais qu'on déclame en
faveur des pauvres; qui, de leur maifon bien
fermée, verroient voler, piller, égorger, maf-
facrer tout le genre humain fans fe plaindre:
attendu que Dieu les a doués d'une douceur très méritoire à fupporter les malheurs
d'autrui.

ON voit bien que le phlegme raifonneur
de celui-ci eft très propre à redoubler & faire fortir d'une maniere comique les emporte-
mens de l'autre; & le tort de Moliere n'eft
pas d'avoir fait du Mifantrope un homme colere & bilieux, mais de lui avoir donné des
fureurs puériles fur des fujets qui ne devoient
pas l'émouvoir. Le caractere du Mifantrope
n'eft pas à la difpofition du Poëte; il eft déterminé par la nature de fa paffion dominan-
te. Cette paffion eft une violente haine du
vice,

vice, née d'un amour ardent pour la vertu, & aigrie par le spectacle continuel de la méchanceté des hommes. Il n'y a donc qu'une ame grande & noble qui en soit susceptible. L'horreur & le mépris qu'y nourrit cette même passion pour tous les vices qui l'ont irritée sert encore à les écarter du cœur qu'elle agite. De plus, cette contemplation continuelle des désordres de la Société, le détache de lui-même pour fixer toute son attention sur le genre humain. Cette habitude éleve, aggrandit ses idées, détruit en lui les inclinations basses qui nourrissent & concentrent l'amour propre; & de ce concours naît une certaine force de courage, une fierté de caractere qui ne laisse prise au fond de son ame qu'à des sentimens dignes de l'occuper.

Ce n'est pas que l'homme ne soit toujours homme; que la passion ne le rende souvent foible, injuste, déraisonnable; qu'il n'épie peut-être les motifs cachés des actions des autres, avec un secret plaisir d'y voir la corruption de leurs cœurs; qu'un petit mal ne lui donne souvent une grande colere, & qu'en

l'ir-

l'irritant à deffein, un méchant adroit ne pût
parvenir à le faire paffer pour méchant lui-
même ; mais il n'en eft pas moins vrai que
tous moyens ne font pas bons à produire ces
effets, & qu'ils doivent être affortis à fon caractere pour le mettre en jeu : fans quoi, c'eft
fubftituer un autre homme au Mifantrope &
nous le peindre avec des traits qui ne font pas
les fiens.

VOILA donc de quel côté le caractere du
Mifantrope doit porter fes défauts, & voila
auffi dequoi Moliere fait un ufage admirable
dans toutes les fcenes d'Alcefte avec fon ami,
où les froides maximes & les railleries de celui-ci, démontant l'autre à chaque inftant, lui
font dire mille impertinences très bien placées; mais ce caractere âpre & dur , qui lui
donne tant de fiel & d'aigreur dans l'occafion, l'éloigne en même tems de tout chagrin
puérile qui n'a nul fondement raifonnable, &
de tout intérêt perfonnel trop vif, dont il ne
doit nullement être fufceptible. Qu'il s'emporte fur tous les défordres dont il n'eft que
le témoin, ce font toujours de nouveaux traits

au

au tableau; mais qu'il soit froid sur celui qui s'addresse directement à lui. Car ayant déclaré la guerre aux méchans, il s'attend bien qu'ils la lui feront à leur tour. S'il n'avoit pas prévu le mal que lui fera sa franchise, elle seroit une étourderie & non pas une vertu. Qu'une femme fausse le trahisse, que d'indignes amis le déshonorent, que de foibles amis l'abandonnent: il doit le souffrir sans en murmurer. Il connoit les hommes.

Si ces distinctions sont justes, Moliere a mal saisi le Misantrope. Pense-t-on que ce soit par erreur? Non, sans doute. Mais voila par où le desir de faire rire aux dépens du personnage, l'a forcé de le dégrader, contre la vérité du caractere.

Apre's l'avanture du Sonnet, comment Alceste ne s'attend-il point aux mauvais procédés d'Oronte? Peut-il en être étonné quand on l'en instruit, comme si c'étoit la premiere fois de sa vie qu'il eût été sincere, ou la premiere fois que sa sincérité lui eût fait un ennemi? Ne doit-il pas se préparer tranquilement à la perte de son procès,

loin

loin d'en marquer d'avance un dépit d'enfant?

Ce font vingt mille francs qu'il m'en pourra coûter ;
Mais pour vingt mille francs j'aurai droit de pefter.

Un Mifantrope n'a que faire d'acheter fi cher le droit de pefter, il n'a qu'à ouvrir les yeux ; & il n'eftime pas affés l'argent pour croire avoir acquis fur ce point un nouveau droit par la perte d'un procès : mais il falloit faire rire le Parterre.

Dans la fcene avec Dubois, plus Alcefte a de fujet de s'impatienter, plus il doit refter flegmatique & froid : parce que l'étourderie du Valet n'eft pas un vice. Le Mifantrope & l'homme emporté font deux caractères très différens : c'étoit là l'occafion de les diftinguer. Moliere ne l'ignoroit pas ; mais il falloit faire rire le Parterre.

Au rifque de faire rire auffi le Lecteur à mes dépens, j'ofe accufer cet Auteur d'avoir manqué de très grandes convenances, une très grande vérité, & peut-être de nouvelles beautés de fituation. C'étoit de faire un tel

chan-

changement à son plan que Philinte entrât comme Acteur nécessaire dans le nœud de sa Piece, en sorte qu'on pût mettre les actions de Philinte & d'Alceste dans une apparente opposition avec leurs principes, & dans une conformité parfaite avec leurs caracteres. Je veux dire qu'il falloit que le Misantrope fût toujours furieux contre les vices publics, & toujours tranquille sur les méchancetés personnelles dont il étoit la victime. Au-contraire, le philosophe Philinte devoit voir tous les désordres de la Société avec un flegme Stoïque, & se mettre en fureur au moindre mal qui s'addressoit directement à lui. En effet, j'observe que ces gens, si paisibles sur les injustices publiques, sont toujours ceux qui font le plus de bruit au moindre tort qu'on leur fait, & qu'ils ne gardent leur philosophie qu'aussi long-tems qu'ils n'en ont pas besoin pour eux-mêmes. Ils ressemblent à cet Irlandois qui ne vouloit pas sortir de son lit, quoique le feu fût à la maison. La maison brule, lui crioit-on. Que m'importe ? répondoit-il, je n'en suis que le locataire. A la fin

E

le

le feu pénétra jufqu'à lui. Auffi-tôt il s'élan-
ce, il court, il crie, il s'agite; il commence
à comprendre qu'il faut quelquefois prendre
intérêt à la maifon qu'on habite, quoiqu'elle
ne nous appartienne pas.

Il me femble qu'en traitant les caracteres
en queftion fur cette idée, chacun des deux
eût été plus vrai, plus théatral, & que celui
d'Alcefte eût fait incomparablement plus d'effet : mais le Parterre alors n'auroit pu rire
qu'aux dépens de l'homme du monde, &
l'intention de l'Auteur étoit qu'on rît aux dépens du Mifantrope (f).

DANS la même vue, il lui fait tenir quelquefois des propos d'humeur, d'un goût tout
con-

____

(f) Je ne doute point que, fur l'idée que je
viens de propofer, un homme de génie ne pût faire un nouveau Mifantrope, non moins vrai, non
moins naturel que l'Athénien, égal en mérite à
celui de Moliere, & fans comparaifon plus in-
ftructif. Je ne vois qu'un inconvénient à cette
nouvelle Piece, c'eft qu'il feroit impoffible qu'elle
réuffît : car, quoiqu'on dife, en chofes qui déshonorent, nul ne rit de bon cœur à fes dépens.
Nous voila rentrés dans mes principes.

contraire à celui qu'il lui donne. Telle est cette pointe de la scene du Sonnet:

La peste de ta chute, empoisonneur au Diable!
En eusses-tu fait une à te casser le nés.

pointe d'autant plus déplacée dans la bouche du Misantrope qu'il vient d'en critiquer de plus supportables dans le Sonnet d'Oronte; & il est bien étrange que celui qui la fait propose un instant après la chanson du *Roi Henri* pour un modele de goût. Il ne sert de rien de dire que ce mot échappe dans un moment de dépit: car le dépit ne dicte rien moins que des pointes, & Alceste qui passe sa vie à gronder, doit avoir pris, même en grondant, un ton conforme à son tour d'esprit.

Morbleu! vil complaisant! vous louez des sotises.

C'est ainsi que doit parler le Misantrope en colere. Jamais une pointe n'ira bien après cela. Mais il falloit faire rire le Parterre; & voila comment on avilit la vertu.

UNE chose assés remarquable, dans cette

Co-

Comédie, eft que les charges étrangeres que l'Auteur a données au rôle du Mifantrope, l'ont forcé d'adoucir ce qui étoit effentiel au caractere. Ainfi, tandis que dans toutes fes autres Pieces les caracteres font chargés pour faire plus d'effet, dans celle-ci feule les traits font émouffés pour la rendre plus théatrale. La même fcene dont je viens de parler m'en fournit la preuve. On y voit Alcefte tergi-verfer & ufer de détours, pour dire fon avis à Oronte. Ce n'eft point là le Mifantrope : c'eft un honnéte homme du monde qui fe fait peine de tromper celui qui le confulte. La force du caractere vouloit qu'il lui dît brus-quement, votre Sonnet ne vaut rien, jettez le au feu ; mais cela auroit ôté le comique qui naît de l'embarras du Mifantrope & de fes *je ne dis pas cela* répétés, qui pourtant ne font au fond que des menfonges. Si Philinte, à fon exemple, lui eût dit en cet endroit, *& que dis-tu donc, traître ?* qu'avoit-il à repli-quer ? En vérité, ce n'eft pas la peine de refter Mifantrope pour ne l'être qu'à demi : car, fi l'on fe permet le premier ménagement

&

& la première altération de la vérité, où fera la raifon fuffifante pour s'arrêter jusqu'à
ce qu'on devienne auffi faux qu'un homme de
Cour?

L'AMI d'Alcefte doit le connoître. Comment ofe-t-il lui propofer de vifiter des Juges,
c'eft-à-dire, en termes honnêtes, de chercher
à les corrompre? Comment peut-il fuppofer
qu'un homme capable de renoncer même aux
bienféances par amour pour la vertu, foit capable de manquer à fes devoirs par intérêt?
Solliciter un Juge! Il ne faut pas être Mifantrope, il fuffit d'être honnête-homme pour
n'en rien faire. Car enfin, quelque tour
qu'on donne à la chofe, ou celui qui follicite
un Juge l'exhorte à remplir fon devoir &
alors il lui fait une infulte, ou il lui propofe
une acception de perfonnes & alors il le
veut féduire: puifque toute acception de perfonnes eft un crime dans un Juge qui doit
connoître l'affaire & non les parties, & ne
voir que l'ordre & la loi. Or je dis qu'engager un Juge à faire une mauvaife action,
c'eft la faire foi-même; & qu'il vaut mieux

 per-

perdre une caufe jufte que de faire une mauvaife action. Cela eft clair, net, il n'y a
rien à répondre. La morale du monde a
d'autres maximes, je ne l'ignore pas. Il me
fuffit de montrer que, dans tout ce qui rendoit le Mifantrope fi ridicule, il ne faifoit
que le devoir d'un homme de bien; & que
fon caractere étoit mal rempli d'avance, fi
fon ami fuppofoit qu'il pût y manquer.

Si quelquefois l'habile Auteur laiffe agir ce
caractere dans toute fa force, c'eft feulement
quand cette force rend la fcene plus théatrale, & produit un comique de contrafte ou
de fituation plus fenfible. Telle eft, par
exemple, l'humeur taciturne & filencieufe
d'Alcefte, & enfuite la cenfure intrépide &
vivement apoftrophée de la converfation chez
la Coquette.

Allons, ferme, pouffez, mes bons amis de Cour.

Ici l'Auteur a marqué fortement la diftinction
du Médifant & du Mifantrope. Celui-ci,
dans fon fiel âcre & mordant, abhorre la calomnie & détefte la fatyre. Ce font les vices
pu-

publics, ce font les méchans en général qu'il attaque. La baffe & fecrette médifance eft indigne de lui, il la méprife & la hait dans les autres ; & quand il dit du mal de quelqu'un, il commence par le lui dire en face. Auffi, durant toute la Piece, ne fait-il nulle part plus d'effet que dans cette fcene: parce qu'il eft là ce qu'il doit être & que, s'il fait rire le Parterre, les honnêtes gens ne rougiffent pas d'avoir ri.

Mais, en général, on ne peut nier que, fi le Mifantrope étoit plus Mifantrope, il ne fût beaucoup moins plaifant : parce que fa franchife & fa fermeté, n'admettant jamais de détour, ne le laifferoit jamais dans l'embarras. Ce n'eft donc pas par ménagement pour lui que l'Auteur adoucit quelquefois fon caractere: c'eft au-contraire pour le rendre plus ridicule. Une autre raifon l'y oblige encore ; c'eft que le Mifantrope de Théatre, ayant à parler de ce qu'il voit, doit vivre dans le monde, & par conféquent tempérer fa droiture & fes manieres, par quelques-uns de ces égards de menfonge & de fauffeté qui com-

po-

posent la politesse & que le monde éxige de quiconque, y veut être supporté. S'il s'y montroit autrement, ses discours ne feroient plus d'effet. L'intérêt de l'Auteur est bien de le rendre ridicule, mais non pas fou ; & c'est ce qu'il paroîtroit aux yeux du Public, s'il étoit tout à fait sage.

On a peine à quitter cette admirable Piece, quand on a commencé de s'en occuper; &, plus on y songe, plus on y découvre de nouvelles beautés. Mais enfin, puisqu'elle est, sans contredit, de toutes les Comédies de Moliere, celle qui contient la meilleure & la plus saine morale, sur celle-là jugeons des autres; & convenons que, l'intention de l'Auteur étant de plaire à des esprits corrompus, ou sa morale porte au mal, ou le faux bien qu'elle prêche est plus dangereux que le mal même: en ce qu'il séduit par une apparence de raison: en ce qu'il fait préférer l'usage & les maximes du monde à l'exacte probité: en ce qu'il fait consister la sagesse dans un certain milieu entre le vice & la vertu: en ce qu'au grand soulagement des Spectateurs, il leur

per-

perſuade que, pour être honnête-homme, il
ſuffit de n'être pas un franc ſcélérat.

J'aurois trop d'avantage, ſi je voulois
paſſer de l'examen de Moliere à celui de ſes
ſucceſſeurs, qui, n'ayant ni ſon génie, ni ſa
probité, n'en ont que mieux ſuivi ſes vues
intéreſſées, en s'attachant à flatter une jeuneſſe débauchée & des femmes ſans mœurs.
Je ne ferai pas à Dancourt l'honneur de parler de lui : ſes Pieces n'effarouchent pas par
des termes obſcenes, mais il faut n'avoir de
chaſte que les oreilles, pour les pouvoir ſupporter. Regnard, plus modeſte, n'eſt pas
moins dangereux : laiſſant l'autre amuſer les
femmes perdues, il ſe charge, lui, d'encourager les filoux. C'eſt une choſe incroyable
qu'avec l'agrément de la Police, on joue publiquement au milieu de Paris une Comédie,
où, dans l'appartement d'un oncle qu'on
vient de voir expirer, ſon neveu, l'honnête-
homme de la Piece, s'occupe avec ſon digne
cortege, de ſoins que les loix paient de la
corde ; & qu'au lieu des larmes que la ſeule
humanité fait verſer en pareil cas aux indiffé-

rens

rens mêmes, on égaie, à l'envi, de plaisanteries barbares le triste appareil de la mort. Les droits les plus sacrés, les plus touchans sentimens de la Nature, sont joués dans cette odieuse scene. Les tours les plus punissables y sont rassemblés comme à plaisir, avec un enjouement qui fait passer tout cela pour des gentillesses. Faux-acte, supposition, vol, fourberie, mensonge, inhumanité, tout y est & tout y est applaudi. Le mort s'étant avisé de renaître, au grand déplaisir de son cher neveu, & ne voulant point ratifier ce qui s'est fait en son nom, on trouve le moyen d'arracher son consentement de force, & tout se termine au gré des Acteurs & des Spectateurs, qui, s'intéressant malgré eux à ces misérables, sortent de la Piece avec cet édifiant souvenir, d'avoir été dans le fond de leurs cœurs, complices des crimes qu'ils ont vu commettre.

Osons le dire sans détour. Qui de nous est assés sûr de lui pour supporter la représentation d'une pareille Comédie, sans être de moitié des tours qui s'y jouent? Qui ne seroit

roit pas un peu fâché si le filou venoit à étre surpris ou manquer son coup ? Qui ne devient pas un moment filou soi-même en s'intéressant pour lui ? Car s'intéresser pour quelqu'un qu'est-ce autre chose que se mettre à sa place ? Belle instruction pour la jeunesse que celle où les hommes faits ont bien de la peine à se garantir de la séduction du vice ! Est-ce-à-dire qu'il ne soit jamais permis d'exposer au Théatre des actions blâmables ? Non : mais en vérité, pour savoir mettre un fripon sur la Scene, il faut un Auteur bien honnête-homme.

Ces défauts sont tellement inhérens à notre Théatre, qu'en voulant les en ôter, on le défigure. Nos Auteurs modernes, guidés par de meilleures intentions, font des Pieces plus épurées ; mais aussi qu'arrive-t-il ? Qu'elles n'ont plus de vrai comique & ne produisent aucun effet. Elles instruisent beaucoup, si l'on veut, mais elles ennuient encore davantage. Autant vaudroit aller au Sermon.

D ans cette décadence du Théatre, on se voit contraint d'y substituer aux véritables

beautés

beautés eclipſées, de petits agrémens capables d'en impoſer à la multitude. Ne ſachant plus nourrir la force du Comique & des caractéres, on a renforcé l'intérêt de l'amour. On a fait la même choſe dans la Tragédie pour ſuppléer aux ſituations priſes dans des intérêts d'Etat qu'on ne connoît plus, & aux ſentimens naturels & ſimples qui ne touchent plus perſonne. Les Auteurs concourent à l'envi pour l'utilité publique à donner une nouvelle énergie & un nouveau coloris à cette paſſion dangereuſe; &, depuis Moliere & Corneille, on ne voit plus réuſſir au Théatre que des Romans, ſous le nom de Pieces dramatiques.

L'Amour eſt le regne des femmes. Ce ſont elles qui néceſſairement y donnent la loi : parce que, ſelon l'ordre de la Nature, la réſiſtance leur appartient & que les hommes ne peuvent vaincre cette réſiſtance qu'aux dépens de leur liberté. Un effet naturel de ces ſortes de Pieces eſt donc d'étendre l'empire du Sexe, de rendre des femmes & de jeunes filles les précepteurs du Public, & de
leur

leur donner fur les Spectateurs le même pouvoir qu'elles ont fur leurs Amans. Penfez-
vous, Monfieur, que cet ordre foit fans inconvénient, & qu'en augmentant avec tant
de foin l'afcendant des femmes, les hommes
en feront mieux gouvernés?

Il peut y avoir dans le monde quelques
femmes dignes d'être écoutées d'un honnête-
homme ; mais eft-ce d'elles, en général, qu'il
doit prendre confeil, & n'y auroit-il aucun
moyen d'honorer leur fexe, à moins d'avilir
le nôtre? Le plus charmant objet de la Nature, le plus capable d'émouvoir un cœur fenfible & de le porter au bien, eft, je l'avoue,
une femme aimable & vertueufe ; mais cet
objet célefte où fe cache-t-il ? N'eft-il pas
bien cruel de le contempler avec tant de plaifir au Théatre, pour en trouver de fi différens dans la Société? Cependant le tableau fé-
ducteur fait fon effet. L'enchantement caufé
par ces prodiges de fageffe tourne au profit
des femmes fans honneur. Qu'un jeune homme n'ait vu le monde que fur la Scene, le
premier moyen qui s'offre à lui pour aller à

la

la vertu eft de chercher une maîtreffe qui l'y conduife, efpérant bien trouver une Conftance ou une Cénie (g) tout-au-moins. C'eft ainfi que, fur la foi d'un modele imaginaire, fur un air modefte & touchant, fur une douceur contrefaite, *nefcius, auræ fallacis*, le jeune infenfé court fe perdre, en penfant devenir un Sage.

CECI me fournit l'occafion de propofer une efpece de problême. Les Anciens avoient en général un très grand refpect pour les femmes (h); mais ils marquoient

ce

(g) Ce n'eft point par étourderie que je cite Cénie en cet endroit, quoique cette charmante Piece foit l'ouvrage d'une femme: car, cherchant la vérité de bonne foi, je ne fais point déguifer ce qui fait contre mon fentiment; & ce n'eft pas à une femme, mais aux femmes que je refufe les talens des hommes. J'honore d'autant plus volontiers ceux de l'Auteur de Cénie en particulier, qu'ayant à me plaindre de fes difcours, je lui rends un hommage pur & défintéreffé, comme tous les éloges fortis de ma plume.

(h) Ils leur donnoient plufieurs noms honorables que nous n'avons plus, ou qui font bas & furannés parmi nous. On fait quel ufage Virgile

a fait

ce refpect en s'abftenant de les expofer au jugement du public, & croyoient honorer leur modeftie, en fe taifant fur leurs autres vertus. Ils avoient pour maxime que le pays, où les mœurs étoient les plus pures, étoit celui où l'on parloit le moins des femmes; & que la femme la plus honnête étoit celle dont on parloit le moins. C'eft, fur ce principe, qu'un Spartiate, entendant un Etranger faire de magnifiques éloges d'une Dame de fa connoiffance, l'interrompit en colere : ne cefferas-tu point, lui dit-il, de médire d'une femme de bien ? De-là venoit encore que, dans leur Comédie, les rôles d'amoureufes & de filles à marier ne repréfentoient jamais que des efclaves ou des filles publiques. Ils

avoient

a fait de celui de *Matres* dans une occafion où les Meres Troyennes n'étoient gueres fages. Nous n'avons à la place que le mot de *Dames* qui ne convient pas à toutes, qui même vieillit infenfiblement, & qu'on a tout-à-fait profcrit du ton à la mode. J'obferve que les Anciens tiroient volontiers leurs titres d'honneur des droits de la Nature, & que nous ne tirons les nôtres que des droits du rang.

avoient une telle idée de la modestie du Sexe, qu'ils auroient cru manquer aux égards qu'ils lui devoient, de mettre une honnête fille sur la Scene, seulement en représentation (i). En un mot l'image du vice à découvert les choquoit moins que celle de la pudeur offensée.

Chés nous, au-contraire, la femme la plus estimée est celle qui fait le plus de bruit ; de qui l'on parle le plus ; qu'on voit le plus dans le monde ; chés qui l'on dîne le plus souvent ; qui donne le plus impérieusement le ton ; qui juge, tranche, décide, prononce, assigne aux talens, au mérite, aux vertus, leurs degrés & leurs places ; & dont les humbles savans mendient le plus bassement la faveur. Sur la Scene, c'est pis encore. Au fond, dans le monde elles ne savent

(i) S'ils en usoient autrement dans les Tragédies, c'est que, suivant le sistême politique de leur Théatre, ils n'étoient pas fâchés qu'on crût que les personnes d'un haut rang n'ont pas besoin de pudeur, & font toujours exception aux regles de la morale.

vent rien, quoiqu'elles jugent de tout ; mais au Théatre, savantes du savoir des hommes, philosophes, grace aux Auteurs, elles écrasent notre sexe de ses propres talens, & les imbécilles Spectateurs vont bonnement apprendre des femmes ce qu'ils ont pris soin de leur dicter. Tout cela, dans le vrai, c'est se moquer d'elles, c'est les taxer d'une vanité puérile ; & je ne doute pas que les plus sages n'en soient indignées. Parcourez la plûpart des Pieces modernes : c'est toujours une femme qui fait tout, qui apprend tout aux hommes ; c'est toujours la Dame de Cour qui fait dire le Catéchisme au petit Jean de Saintré. Un enfant ne sauroit se nourrir de son pain, s'il n'est coupé par sa Gouvernante. Voila l'image de ce qui se passe aux nouvelles Pieces. La Bonne est sur le Théatre, & les enfans sont dans le Parterre. Encore une fois, je ne nie pas que cette méthode n'ait ses avantages, & que de tels précepteurs ne puissent donner du poids & du prix à leurs leçons ; mais revenons à ma question. De l'usage antique & du nôtre,

F

je

je demande lequel eſt le plus honorable aux femmes, & rend le mieux à leur ſexe les vrais reſpects qui lui ſont dûs?

La même cauſe qui donne, dans nos Pieces tragiques & comiques, l'aſcendant aux femmes ſur les hommes, le donne encore aux jeunes-gens ſur les vieillards; & c'eſt un autre renverſement des rapports naturels, qui n'eſt pas moins répréhenſible. Puiſque l'intérêt y eſt toujours pour les amans, il s'enſuit que les perſonnages avancés en âge n'y peuvent jamais faire que des rôles en ſous-ordre. Ou, pour former le nœud de l'intrigue, ils ſervent d'obſtacle aux vœux des jeunes amans & alors ils ſont haïſſables; ou ils ſont amoureux eux-mêmes & alors ils ſont ridicules. *Turpe ſenex miles.* On en fait dans les Tragédies des tirans, des uſurpateurs; dans les Comédies des jaloux, des uſuriers, des pédans, des peres inſupportables que tout le monde conſpire à tromper. Voila ſous quel honorable aſpect on montre la vieilleſſe au Théatre, voila quel reſpect on inſpire pour elle aux jeunes-gens. Remercions

cions l'illuftre Auteur de Zaïre & de Nanine
d'avoir fouftrait à ce mépris le vénérable Lu-
zignan & le bon vieux Philippe Humbert.
Il en eft quelques autres encore ; mais cela
fuffit-il pour arrêter le torrent du préjugé public, & pour effacer l'aviliffement où la
plûpart des Auteurs fe plaifent à montrer
l'âge de la fageffe, de l'expérience & de
l'autorité? Qui peut douter que l'habitude de
voir toujours dans les vieillards des perfonnages odieux au Théatre, n'aide à les faire
rebuter dans la Société, & qu'en s'accoutu-
mant à confondre ceux qu'on voit dans le
monde avec les radoteurs & les Gérontes de
la Comédie, on ne les méprife tous également? Obfervez à Paris dans une affemblée,
l'air fuffifant & vain, le ton ferme & tran-
chant d'une impudente jeuneffe, tandis que
les Anciens, craintifs & modeftes, ou n'ofent
ouvrir la bouche, ou font à peine écoutés.
Voit-on rien de pareil dans les Provinces,
& dans les lieux où les Spectacles ne font
point établis; & par toute la terre, hors les
grandes villes, une tête chenue & des che-

F 2

veux

veux blancs n'impriment-ils pas toujours du refpect ? On me dira qu'à Paris les vieillards contribuent à fe rendre méprifables, en renonçant au maintien qui leur convient, pour prendre indécemment la parure & les manieres de la jeuneffe, & que faifant les galants à fon exemple, il eft très fimple qu'on la leur préfere dans fon métier ; mais c'eft tout au-contraire pour n'avoir nul autre moyen de fe faire fupporter, qu'ils font contraints de recourir à celui-là, & ils aiment encoré mieux être foufferts à la faveur de leurs ridicules, que de ne l'être point du tout. Ce n'eft pas affurément qu'en faifant les agréables ils le deviennent en effet, & qu'un galant fexagenaire foit un perfonnage fort gracieux ; mais fon indécence même lui tourne à profit : c'eft un triomphe de plus pour une femme, qui, traînant à fon char un Neftor, croit montrer que les glaces de l'âge ne garantiffent point des feux qu'elle infpire. Voila pourquoi les femmes encouragent de leur mieux ces Doyens de Cithere, & ont la malice de traiter d'hommes charmans, de vieux

foux

foux qu'elles trouveroient moins aimables s'ils étoient moins extravagans. Mais revenons à mon sujet.

CES effets ne font pas les feuls que produit l'intérêt de la Scene uniquement fondé fur l'amour. On lui en attribue beaucoup d'autres plus graves & plus importans, dont je n'examine point ici la réalité, mais qui ont été fouvent & fortement allégués par les Ecrivains eccléfiaftiques. Les dangers que peut produire le tableau d'une paffion contagieufe font, leur a-t-on répondu, prévenus par la maniere de le préfenter; l'amour qu'on expofe au Théatre y eft rendu légitime, fon but eft honnête, fouvent il eft facrifié au devoir & à la vertu, & dès qu'il eft coupable il eft puni. Fort bien : mais n'eft-il pas plaifant qu'on prétende ainfi régler après coup les mouvemens du cœur fur les preceptes de la raifon, & qu'il faille attendre les évenemens pour favoir quelle impreffion l'on doit recevoir des fituations qui les amenent ? Le mal qu'on reproche au Théatre n'eft pas précifément d'infpirer des paffions

cri-

criminelles, mais de difpofer l'ame à des fentimens trop tendres qu'on fatisfait enfuite
aux dépens de la vertu. Les douces émotions qu'on y reffent n'ont pas par elles-mêmes un objet déterminé, mais elles en font
naître le befoin ; elles ne donnent pas précifément de l'amour, mais elles préparent à en
fentir ; elles ne choififfent pas la perfonne
qu'on doit aimer, mais elles nous forcent à
faire ce choix. Ainfi elles ne font innocentes ou criminelles que par l'ufage que nous
en faifons felon notre caractere, & ce caractere eft indépendant de l'exemple. Quand
il feroit vrai qu'on ne peint au Théatre que
des paffions légitimes, s'enfuit-il delà que les
impreffions en font plus foibles, que les effets en font moins dangereux? Comme fi les
vives images d'une tendreffe innocente étoient
moins douces, moins féduifantes, moins capables d'échauffer un cœur fenfible que celles
d'un amour criminel, à qui l'horreur du vice
fert au-moins de contrepoifon? Mais fi l'idée
de l'innocence embellit quelques inftans le
fentiment qu'elle accompagne, bientôt les cir-
con-

conftances s'effacent de la mémoire, tandis que l'impreffion d'une paffion fi douce refte gravée au fond du cœur. Quand le Patricien Manilius fut chaffé du Sénat de Rome pour avoir donné un baifer à fa femme en préfence de fa fille, à ne confidérer cette action qu'en elle-même, qu'avoit-elle de répréhenfible? Rien fans doute : elle annonçoit même un fentiment louable. Mais les chaftes feux de la mere en pouvoient infpirer d'impurs à la fille. C'étoit donc, d'une action fort honnête, faire un exemple de corruption. Voila l'effet des amours permis du Théatre.

On prétend nous guérir de l'amour par la peinture de fes foibleffes. Je ne fais là-deffus comment les Auteurs s'y prennent; mais je vois que les Spectateurs font toujours du parti de l'amant foible, & que fouvent ils font fâchés qu'il ne le foit pas davantage. Je demande fi c'eft un grand moyen d'éviter de lui reffembler?

Rappellez-vous, Monfieur, une Piece à laquelle je crois me fouvenir d'avoir affifté avec vous, il y a quelques années, &

qui nous fit un plaifir auquel nous nous attendions peu , foit qu'en effet l'Auteur y eût mis plus de beautés théatrales que nous n'avions penfé , foit que l'Actrice prêtât fon charme ordinaire au rôle qu'elle faifoit valoir. Je veux parler de la Bérénice de Racine. Dans quelle difpofition d'efprit le Spectateur voit - il commencer cette Piece ? Dans un fentiment de mépris pour la foibleffe d'un Empereur & d'un Romain, qui balance comme le dernier des hommes entre fa maîtreffe & fon devoir ; qui , flottant inceffamment dans une déshonorante incertitude , avilit par des plaintes efféminées ce caractere prefque divin que lui donne l'hiftoire ; qui fait chercher dans un vil foupirant de ruelle le bienfaiteur du monde , & les délices du genre humain. Qu'en penfe le même Spectateur après la repréfentation ? Il finit par plaindre cet homme fenfible qu'il méprifoit , par s'intéreffer à cette même paffion dont il lui faifoit un crime , par murmurer en fecret du facrifice qu'il eft forcé d'en faire aux loix de la patrie. Voila ce que chacun de nous éprou-

éprouvoit à la repréfentation. Le rôle de
Titus, très bien rendu, eut fait de l'effet s'il
eût été plus digne de lui; mais tous fentirent
que l'intérêt principal étoit pour Bérénice,
& que c'étoit le fort de fon amour qui dé-
terminoit l'efpece de la cataftrophe. Non que
fes plaintes continuelles donnaffent une grande émotion durant le cours de la Piece;
mais au cinquieme Acte où, ceffant de fe
plaindre, l'air morne, l'œil fec & la voix
éteinte, elle faifoit parler une douleur froide
approchante du défefpoir, l'art de l'Actrice
ajoutoit au pathétique du rôle, & les Spectateurs vivement touchés commençoient à
pleurer quand Bérénice ne pleuroit plus. Que
fignifioit cela, finon qu'on trembloit qu'elle
ne fût renvoyée; qu'on fentoit d'avance la
douleur dont fon cœur feroit pénétré; & que
chacun auroit voulu que Titus fe laiffât vaincre, même au rifque de l'en moins eftimer?
Ne voila-t-il pas une Tragédie qui a bien
rempli fon objet, & qui a bien appris aux
Spectateurs à furmonter les foibleffes de l'a-
mour?

F 5

L'é-

L'É V É N E M E N T dément ces vœux se-
crets, mais qu'importe ? Le dénouement
n'efface point l'effet de la Piece. La Reine
part fans le congé du Parterre: l'Empereur la
renvoie *invitus invitam*, on peut ajouter *in-
vito fpectatore*. Titus a beau refter Romain,
il eft feul de fon parti ; tous les Spectateurs
ont époufé Bérénice.

QUAND même on pourroit me difputer
cet effet ; quand même on foutiendroit que
l'exemple de force & de vertu qu'on voit
dans Titus, vainqueur de lui-même, fonde
l'intérêt de la Piece, & fait qu'en plaignant
Bérénice, on eft bien aife de la plaindre ; on
ne feroit que rentrer en cela dans mes principes : parce que, comme je l'ai déja dit,
les facrifices faits au devoir & à la vertu ont
toujours un charme fecret, même pour les
cœurs corrompus: & la preuve que ce fentiment n'eft point l'ouvrage de la Piece, c'eft
qu'ils l'ont avant qu'elle commence. Mais cela n'empêche pas que certaines paffions fatis-
faites ne leur femblent préférables à la vertu
même, & que, s'ils font contens de voir Titus

tus vertueux & magnanime, ils ne le fuſſent encore plus de le voir heureux & foible, ou du-moins qu'ils ne conſentiſſent volontiers à l'être à ſa place. Pour rendre cette vérité ſenſible, imaginons un dénouement tout contraire à celui de l'Auteur. Qu'après avoir mieux conſulté ſon cœur, Titus ne voulant ni enfreindre les loix de Rome, ni vendre le bonheur à l'ambition, vienne, avec des maximes oppoſées, abdiquer l'Empire aux pieds de Bérénice; que, pénétrée d'un ſi grand ſacrifice, elle ſente que ſon devoir ſeroit de refuſer la main de ſon amant, & que pourtant elle l'accepte; que tous deux enivrés des charmes de l'amour, de la paix, de l'innocence, & renonçant aux vaines grandeurs, prennent, avec cette douce joie qu'inſpirent les vrais mouvemens de la Nature, le parti d'aller vivre heureux & ignorés dans un coin de la terre; qu'une ſcene ſi touchante ſoit animée des ſentimens tendres & pathétiques que le ſujet fournit & que Racine eut ſi bien fait valoir; que Titus en quittant les Romains leur addreſſe un diſcours, tel que la circon-

ſtan

stance & le sujet le comportent: n'est-il pas clair, par exemple, qu'à moins qu'un Auteur ne soit de la derniere mal-adresse, un tel discours doit faire fondre en larmes toute l'assemblée? La Piece, finissant ainsi, sera, si l'on veut, moins bonne, moins instructive, moins conforme à l'histoire; mais en fera-t-elle moins de plaisir, & les Spectateurs en sortiront-ils moins satisfaits ? Les quatre premiers Actes subsisteroient à peu près tels qu'ils sont, & cependant on en tireroit une leçon directement contraire. Tant il est vrai que les tableaux de l'amour font toujours plus d'impression que les maximes de la sagesse, & que l'effet d'une Tragédie est tout-à-fait indépendant de celui du dénouement!

VEUT-ON savoir s'il est sûr qu'en montrant les suites funestes des passions immodérées, la Tragédie apprenne à s'en garantir? Que l'on consulte l'expérience. Ces suites funestes sont représentées très fortement dans Zaïre ; il en coûte la vie aux deux Amans, & il en coûte bien plus que la vie à Orosmane: puisqu'il ne se donne la mort que pour

se

se délivrer du plus cruel sentiment qui puisse entrer dans un cœur humain, le remord d'avoir poignardé sa maîtresse. Voila donc, assurément des leçons très énergiques. Je serois curieux de trouver quelqu'un, homme ou femme, qui s'osât vanter d'être sorti d'une représentation de Zaïre, bien prémuni contre l'amour. Pour moi, je crois entendre chaque Spectateur dire en son cœur à la fin de la Tragédie: ah! qu'on me donne une Zaïre, je ferai bien en sorte de ne la pas tuer. Si les femmes n'ont pu se lasser de courir en foule à cette Piece enchanteresse & d'y faire courir les hommes, je ne dirai point que c'est pour s'encourager par l'exemple de l'héroïne à n'imiter pas un sacrifice qui lui réussit si mal; mais c'est parce que, de toutes les Tragédies qui sont au Théatre, nulle autre ne montre avec plus de charmes le pouvoir de l'amour & l'empire de la beauté, & qu'on y apprend encore pour surcroît de profit à ne pas juger sa Maîtresse sur les apparences. Qu'Orosmane immole Zaïre à sa jalousie, une femme sensible y voit sans

effroi

effroi le transport de la paſſion : car c'eſt un moindre malheur de périr par la main de ſon amant, que d'en être médiocrement aimée.

Qu'on nous peigne l'amour comme on voudra ; il ſéduit, ou ce n'eſt pas lui. S'il eſt mal peint, la Piece eſt mauvaiſe ; s'il eſt bien peint, il offuſque tout ce qui l'accompagne. Ses combats, ſes maux, ſes ſouffrances le rendent plus touchant encore que s'il n'avoit nulle réſiſtance à vaincre. Loin que ſes triſtes effets rebutent, il n'en devient que plus intéreſſant par ſes malheurs même. On ſe dit, malgré ſoi, qu'un ſentiment ſi délicieux conſole de tout. Une ſi douce image amollit inſenſiblement le cœur : on prend de la paſſion ce qui mene au plaiſir, on en laiſſe ce qui tourmente. Perſonne ne ſe croit obligé d'être un héros, & c'eſt ainſi qu'admirant l'amour honnête on ſe livre à l'amour criminel.

Ce qui acheve de rendre ſes images dangereuſes, c'eſt préciſément ce qu'on fait pour les rendre agréables ; c'eſt qu'on ne le voit

jamais

jamais régner fur la Scene qu'entre des ames honnêtes, c'eft que les deux Amans font toujours des modeles de perfection. Et comment ne s'intérefferoit-on pas pour une paffion fi féduifante, entre deux cœurs dont le caractere eft déja fi intéreffant par lui-même? Je doute que, dans toutes nos Pieces dramatiques, on en trouve une feule où l'amour mutuel n'ait pas la faveur du Spectateur. Si quelque infortuné brûle d'un feu non partagé, on en fait le rebut du Parterre. On croit faire merveilles de rendre un amant eftimable ou haïffable, felon qu'il eft bien ou mal accueilli dans fes amours; de faire toujours approuver au public les fentimens de fa maîtreffe; & de donner à la tendreffe tout l'intérêt de la vertu. Au-lieu qu'il faudroit apprendre aux jeunes-gens à fe défier des illufions de l'amour, à fuir l'erreur d'un penchant aveugle qui croit toujours fe fonder fur l'eftime, & à craindre quelquefois de livrer un cœur vertueux à un objet indigne de fes foins. Je ne fache gueres que le Mifantrope où le héros de la Piece ait fait un mauvais choix.

Ren-

Rendre le Mifantrope amoureux n'étoit rien, le coup de génie eft de l'avoir fait amoureux d'une coquette. Tout le refte du Théatre eft un tréfor de femmes parfaites. On diroit qu'elles s'y font toutes réfugiées. Eft-ce là l'image fidelle de la Société? Eft-ce ainfi qu'on nous rend fufpecte une paffion qui perd tant de gens bien nés? Il s'en faut peu qu'on ne nous faffe croire qu'un honnête homme eft obligé d'être amoureux, & qu'une amante aimée ne fauroit n'être pas vertueu- fe. Nous voila fort bien inftruits!

Encore une fois, je n'entreprends point de juger fi c'eft bien ou mal fait de fonder fur l'amour le principal intérêt du Théatre; mais je dis que, fi fes peintures font quelque- fois dangereufes, elles le feront toujours quoiqu'on faffe pour les déguifer. Je dis que c'eft en parler de mauvaife foi, ou fans le connoître, de vouloir en rectifier les impref- fions par d'autres impreffions étrangeres qui ne les accompagnent point jufqu'au cœur, ou que le cœur en a bientôt féparées; im- preffions qui même en déguifent les dangers,

&

& donnent à ce sentiment trompeur un nouvel attrait par lequel il perd ceux qui s'y livrent.

Soit qu'on déduise de la nature des
Spectacles, en général, les meilleures formes
dont ils sont susceptibles ; soit qu'on examine
tout ce que les lumieres d'un sieclé & d'un
peuple éclairés ont fait pour la perfection des
nôtres ; je crois qu'on peut conclurre de ces
considérations diverses que l'effet moral du
Spectacle & des Théatres ne sauroit jamais
être bon ni salutaire en lui-même : puisqu'à ne
compter que leurs avantages, on n'y trouve
aucune sorte d'utilité réelle, sans inconvéniens
qui la surpassent. Or par une suite de son
inutilité même, le Théatre, qui ne peut rien
pour corriger les mœurs, peut beaucoup pour
les altérer. En favorisant tous nos penchans,
il donne un nouvel ascendant à ceux qui nous
dominent ; les continuelles émotions qu'on y
ressent nous énervent, nous affoiblissent, nous
rendent plus incapables de résister à nos passions ; & le stérile intérêt qu'on prend à la
vertu ne sert qu'à contenter notre amour pro-

pre,

pre, fans nous contraindre à la pratiquer. Ceux de mes Compatriotes qui ne défapprouvent pas les Spectacles en eux-mêmes, ont donc tort.

OUTRE ces effets du Théatre, relatifs aux chofes repréfentées, il en a d'autres non moins néceffaires, qui fe rapportent directement à la Scene & aux perfonnages repréfentans, & c'eft à ceux-là que les Génevois déja cités attribuent le goût de luxe, de parure, & de diffipation dont ils craignent avec raifon l'introduction parmi nous. Ce n'eft pas feulement la fréquentation des Comédiens, mais celle du Théatre, qui peut amener ce goût par fon appareil & la parure des Acteurs. N'eut-il d'autre effet que d'interrompre à certaines heures le cours des affaires civiles & domeftiques, & d'offrir une reffource affurée à l'oifiveté, il n'eft pas poffible que la commodité d'aller tous les jours régulierement au même lieu s'oublier foi-même & s'occuper d'objets étrangers, ne donne au Citoyen d'autres habitudes & ne lui forme de nouvelles mœurs; mais ces

chan-

changemens feront-ils avantageux ou nuifibles? C'eft une queftion qui dépend moins de l'examen du Spectacle que de celui des Spectateurs. Il eft fûr que ces changemens les ameneront tous à-peu-près au même point; c'eft donc par l'état où chacun étoit d'abord, qu'il faut eftimer les différences.

QUAND les amufemens font indifférens par leur nature, (& je veux bien pour un moment confiderer les Spectacles comme tels,) c'eft la nature des occupations qu'ils interrompent qui les fait juger bons ou mauvais; fur-tout lorfqu'ils font affés vifs pour devenir des occupations eux-mêmes, & fubftituer leur goût à celui du travail. La raifon veut qu'on favorife les amufemens des gens dont les occupations font nuifibles, & qu'on détourne des mêmes amufemens ceux dont les occupations font utiles. Une autre confidération générale eft qu'il n'eft pas bon de laiffer à des hommes oififs & corrompus le choix de leurs amufemens, de peur qu'ils ne les imaginent conformes à leurs inclina-

G 2

tions

tions vicieufes, & ne deviennent auffi mal-
faifans dans leurs plaifirs que dans leurs affaires. Mais laiffez un peuple fimple & laborieux fe délaffer de fes travaux, quand &
comme il lui plait; jamais il n'eft à craindre
qu'il abufe de cette liberté, & l'on ne doit
point fe tourmenter à lui chercher des diver-
tiffemens agréables : car, comme il faut peu
d'apprêts aux mets que l'abftinence & la faim
affaifonnent, il n'en faut pas, non plus, beaucoup aux plaifirs de gens épuifés de fatigue,
pour qui le repos feul en eft un très doux.
Dans une grande ville, pleine de gens intri-
gans, défœuvrés, fans Religion, fans principes, dont l'imagination dépravée par l'oifiveté, la fainéantife, par l'amour du plaifir &
par de grands befoins, n'engendre que des
monftres & n'infpire que des forfaits; dans
une grande ville où les mœurs & l'honneur
ne font rien, parce que chacun, dérobant aifément fa conduite aux yeux du public, ne
fe montre que par fon crédit & n'eft eftimé
que par fes richeffes; la Police ne fauroit trop
multiplier les plaifirs permis, ni trop s'ap-
pli-

pliquer à les rendre agréables, pour ôter aux particuliers la tentation d'en chercher de plus dangereux. Comme les empêcher de s'occuper c'est les empêcher de mal faire, deux heures par jour dérobées à l'activité du vice sauvent la douzieme partie des crimes qui se commettroient ; & tout ce que les Spectacles vus ou à voir causent d'entretiens dans les Caffés & autres refuges des fainéans & fripons du pays, est encore autant de gagné pour les peres de famille, soit sur l'honneur de leurs filles ou de leurs femmes, soit sur leur bourse ou sur celle de leurs fils.

Mais dans les petites villes, dans les lieux moins peuplés, où les particuliers, toujours sous les yeux du public, sont censeurs nés les uns des autres, & où la Police a sur tous une inspection facile, il faut suivre des maximes toutes contraires. S'il y a de l'industrie, des arts, des manufactures, on doit se garder d'offrir des distractions relâchantes à l'âpre intérêt qui fait ses plaisirs de ses soins, & enrichit le Prince de l'avarice des sujets. Si le pays sans commerce, nourrit

les

les habitans dans l'inaction, loin de fomenter en eux l'oifiveté à laquelle une vie fimple & facile ne les porte déja que trop, il faut la leur rendre infupportable en les contraignant, à force d'ennui, d'employer utilement un tems dont ils ne fauroient abufer. Je vois qu'à Paris, où l'on juge de tout fur les apparences, parce qu'on n'a le loifir de rien examiner, on croit, à l'air de défœuvrement & de langueur dont frappent au premier coup d'œil la plûpart des villes de provinces, que les habitans, plongés dans une ftupide inaction n'y font que végéter, ou tracaffer & fe brouiller enfemble. C'eft une erreur dont on reviendroit aifément fi l'on fongeoit que la plûpart des gens de Lettres qui brillent à Paris, la plûpart des découvertes utiles & des inventións nouvelles y viennent de ces provinces fi méprifées. Reftez quelque tems dans une petite ville, où vous aurez cru d'abord ne trouver que des Automates : non feulement vous y verrez bientôt des gens beaucoup plus fenfés que vos finges des grandes villes, mais vous manquerez rarement d'y

décou-

découvrir dans l'obfcurité quelque homme in-
génieux qui vous furprendra par fes talens,
par fes ouvrages, que vous furprendrez encore plus en les admirant, & qui, vous montrant des prodiges de travail, de patience
& d'induftrie, croira ne vous montrer que
des chofes communes à Paris. Telle eft la
fimplicité du vrai génie: il n'eft ni intrigant,
ni actif; il ignore le chemin des honneurs &
de la fortune, & ne fonge point à le chercher; il ne fe compare à perfonne; toutes
fes reffources font en lui feul; infenfible aux
outrages, & peu fenfible aux louanges, s'il
fe connoit, il ne s'affigne point fa place &
jouit de lui-même fans s'apprécier.

DANS une petite ville, on trouve, proportion gardée, moins d'activité, fans doute,
que dans une capitale : parce que les paffions
font moins vives & les befoins moins pref-
fans; mais plus d'efprits originaux, plus d'induftrie inventive, plus de chofes vraiment
neuves : parce qu'on y eft moins imitateur,
qu'ayant peu de modeles, chacun tire plus de
lui-même, & met plus du fien dans tout ce

G 4

qu'il

qu'il fait : parce que l'efprit humain, moins étendu, moins noyé parmi les opinions vulgaires, s'élabore & fermente mieux dans la tranquile folitude : parce qu'en voyant moins, on imagine davantage : enfin, parce que, moins preffé du tems, on a plus le loifir d'étendre & digérer fes idées.

JE me fouviens d'avoir vu dans ma jeuneffe aux environs de Neufchâtel un fpectacle affés agréable & peut-être unique fur la terre. Une montagne entiere couverte d'habitations dont chacune fait le centre des terres qui en dépendent ; en forte que ces maifons, à diftances auffi égales que les fortunes des propriétaires, offrent à la fois aux nombreux habitans de cette montagne, le recueillement de la retraite & les douceurs de la fociété. Ces heureux payfans, tous à leur aife, francs de tailles, d'impots, de fubdélégués, de corvées, cultivent, avec tout le foin poffible, des biens dont le produit eft pour eux, & emploient le loifir que cette culture leur laiffe à faire mille ouvrages de leurs mains, & à mettre à profit le génie inventif

ventif que leur donna la Nature. L'hiver fur-
tout, tems où la hauteur des neiges leur ôte
une communication facile, chacun renfermé
bien chaudement, avec fa nombreufe famille,
dans fa jolie & propre maifon de bois (k)
qu'il a bâtie lui-même, s'occupe de mille travaux amufans, qui chaffent l'ennui de fon azi-
le, & ajoûtent à fon bien-être. Jamais Me-
nuifier, Serrurier, Vitrier, Tourneur de profeffion n'entra dans le pays; tous le font pour
eux-mêmes, aucun ne l'eft pour autrui ; dans
la multitude de meubles commodes & même
élégans qui compofent leur ménage & parent
leur logement, on n'en voit pas un qui n'ait
été

(k) Je crois entendre un bel-efprit de Paris fe
récrier, pourvu qu'il ne life pas lui-même, à cet
endroit comme à bien d'autres, & démontrer doc-
tement aux Dames, (car c'eft fur-tout aux Dames
que ces Meffieurs démontrent) qu'il eft impoffible qu'une maifon de bois foit chaude. Groffier
menfonge ! Erreur de phyfique ! Ah, pauvre Auteur ! Quant à moi, je crois la démonftration fans
replique. Tout ce que je fais, c'eft que les Suis-
fes paffent chaudement leur hyver au milieu des
neiges, dans des maifons de bois.

été fait de la main du maître. Il leur reste encore du loisir pour inventer & faire mille instrumens divers, d'acier, de bois, de carton, qu'ils vendent aux étrangers, dont plusieurs même parviennent jusqu'à Paris, entre autres ces petites horloges de bois qu'on y voit depuis quelques années. Ils en font aussi de fer, ils font même des montres ; &, ce qui paroit incroyable, chacun réunit à lui seul toutes les professions diverses dans lesquelles se subdivise l'horlogerie, & fait tous ses outils lui-même.

Ce n'est pas tout : ils ont des livres utiles & sont passablement instruits ; ils raisonnent sensément de toutes choses, & de plusieurs avec esprit (1). Ils font des syphons, des aimans, des lunettes, des pompes, des barome-

(1) Je puis citer en exemple un homme de mérite, bien connu dans Paris, & plus d'une fois honoré des suffrages de l'Académie des Sciences. C'est M. Rivaz, célebre Valeisan. Je sais bien qu'il n'a pas beaucoup d'égaux parmi ses compatriotes ; mais enfin c'est en vivant comme eux, qu'il apprit à les surpasser.

rometres , des chambres noires ; leurs tapisse-
ries font des multitudes d'inſtrumens de toute
eſpece ; vous prendriez le poële d'un Payſan
pour un attelier de mécanique & pour un ca-
binet de phyſique expérimentale. Tous ſavent un peu deſſiner , peindre , chiffrer ; la
plûpart jouent de la flute , pluſieurs ont un
peu de muſique & chantent juſte. Ces arts
ne leur font point enſeignés par des maîtres ,
mais leur paſſent, pour ainſi dire , par tradi-
tion. De ceux que j'ai vus ſavoir la muſique , l'un me diſoit l'avoir appriſe de ſon pere , un autre de ſa tante , un autre de ſon
couſin , quelques - uns croyoient l'avoir toujours ſue. Un de leurs plus fréquens amuſemens eſt de chanter avec leurs femmes &
leurs enfans les pſeaumes à quatre parties ; &
l'on eſt tout étonné d'entendre ſortir de ces
cabanes champêtres, l'harmonie forte & mâle
de Goudimel , depuis ſi long-tems oubliée de
nos ſavans Artiſtes.

Je ne pouvois non plus me laſſer de parcourir ces charmantes demeures , que les habitans de m'y témoigner la plus franche hoſ-
pi-

pitalité. Malheureusement j'étois jeune : ma curiosité n'étoit que celle d'un enfant, & je songeois plus à m'amuser qu'à m'instruire. Depuis trente ans, le peu d'observations que je fis se sont effacées de ma mémoire. Je me souviens seulement que j'admirois sans cesse en ces hommes singuliers un mélange étonnant de finesse & de simplicité qu'on croiroit presque incompatibles, & que je n'ai plus observé nulle part. Du-reste, je n'ai rien retenu de leurs mœurs, de leur société, de leurs caracteres. Aujourd'hui que j'y porterois d'autres yeux, faut-il ne revoir plus cet heureux pays ? Helas ! il est sur la route du mien !

Apre's cette légere idée, supposons qu'au sommet de la montagne dont je viens de parler, au centre des habitations, on établisse un Spectacle fixe & peu coûteux, sous prétexte, par exemple, d'offrir une honnête récréation à des gens continuellement occupés, & en état de supporter cette petite dépense ; supposons encore qu'ils prennent du goût pour ce même Spectacle ; & cherchons

ce

ce qui doit résulter de son établissement.

Je vois d'abord que, leurs travaux cessant d'être leurs amusemens, aussitôt qu'ils en auront un autre, celui-ci les dégoûtera des premiers ; le zele ne fournira plus tant de loisir, ni les mêmes inventions. D'ailleurs, il y aura chaque jour un tems réel de perdu pour ceux qui assisteront au Spectacle ; & l'on ne se remet pas à l'ouvrage, l'esprit rempli de ce qu'on vient de voir : on en parle, ou l'on y songe. Par conséquent, relâchement de travail : premier préjudice.

Quelque peu qu'on paie à la porte, on paie enfin ; c'est toujours une dépense qu'on ne faisoit pas. Il en coûte pour soi, pour sa femme, pour ses enfans, quand on les y mene, & il les y faut mener quelquefois. De plus, un Ouvrier ne va point dans une assemblée se montrer en habit de travail : il faut prendre plus souvent ses habits des Dimanches, changer de linge plus souvent, se poudrer, se raser ; tout cela coûte du tems & de l'argent. Augmentation de dépense : deuxième préjudice.

Un

Un travail moins affidu & une dépenfe plus forte exigent un dédommagement. On le trouvera fur le prix des ouvrages qu'on fera forcé de rencherir. Plufieurs marchands, rebutés de cette augmentation, quitteront les *Montagnons* (m), & fe pourvoiront chés les autres Suiffes leurs voifins, qui, fans être moins induftrieux, n'auront point de Spectacles, & n'augmenteront point leurs prix. Diminution de débit : troifieme préjudice.

Dans les mauvais tems, les chemins ne font pas praticables ; & comme il faudra toujours, dans ces tems-là, que la troupe vive, elle n'interrompra pas fes repréfentations. On ne pourra donc éviter de rendre le Spectacle abordable en tout tems. L'hyver, il faudra faire des chemins dans la neige, peut-être les paver ; & Dieu veuille qu'on n'y mette pas des lanternes. Voila des dépenfes publiques ; par conféquent des contributions de la part des particuliers. Etabliffement d'impôts : quatrieme préjudice.　　　　　Les

(m) C'eft le nom qu'on donne dans le pays aux habitans de cette montagne.

LES femmes des Montagnons allant, d'abord pour voir, & enfuite pour être vues, voudront être parées ; elles voudront l'être avec diftinction. La femme de M. le Châtelain ne voudra pas fe montrer au Spectacle, mife comme celle du maître d'école ; la femme du maître d'école s'efforcera de fe mettre comme celle du Châtelain. De-là naîtra bientôt une émulation de parure qui ruinera les maris, les gagnera peut-être, & qui trouvera fans ceffe mille nouveaux moyens d'éluder les loix fomptuaires. Introduction du luxe : cinquieme préjudice.

TOUT le refte eft facile à concevoir. Sans mettre en ligne de compte les autres inconvéniens, dont j'ai parlé, ou dont je parlerai dans la fuite ; fans avoir égard à l'efpece du Spectacle & à fes effets moraux ; je m'en tiens uniquement à ce qui regarde le travail & le gain, & je crois montrer par une conféquence évidente, comment un peuple aifé, mais qui doit fon bien-être à fon induftrie, changeant la réalité contre l'apparence, fe ruine à l'inftant qu'il veut briller.

Au

Au-reste, il ne faut point se récrier contre la chimere de ma supposition ; je ne la donne que pour telle, & ne veux que rendre sensibles du plus au moins ses suites inévitables. Otez quelques circonstances, vous retrouverez ailleurs d'autres *Montagnons*, & *mutatis mutandis*, l'exemple a son application.

Ainsi quand il seroit vrai que les Spectacles ne font pas mauvais en eux-mêmes, on auroit toujours à chercher s'ils ne le deviendroient point à l'égard du peuple auquel on les destine. En certains lieux, ils seront utiles pour attirer les étrangers ; pour augmenter la circulation des especes ; pour exciter les Artistes ; pour varier les modes ; pour occuper les gens trop riches ou aspirant à l'être ; pour les rendre moins malfaisans ; pour distraire le peuple de ses miseres ; pour lui faire oublier ses chefs en voyant ses baladins ; pour maintenir & perfectionner le goût quand l'honnêteté est perdue ; pour couvrir d'un vernis de procédés la laideur du vice ; pour empêcher, en un mot, que les mauvaises mœurs ne dégénerent en brigandage. En d'autres

lieux,

lieux, ils ne serviroient qu'à détruire l'amour du travail; à décourager l'induſtrie; à ruiner les particuliers; à leur inſpirer le goût de l'oiſiveté; à leur faire chercher les moyens de ſubſiſter ſans rien faire; à rendre un peuple inactif & lâche; à l'empêcher de voir les objets publics & particuliers dont il doit s'occuper; à tourner la ſageſſe en ridicule; à ſubſtituer un jargon de Théatre à la pratique des vertus; à mettre toute la morale en métaphyſique; à traveſtir les citoyens en beaux eſprits, les meres de famille en Petites-Maîtreſſes, & les filles en amoureuſes de Comédie. L'effet général ſera le même ſur tous les hommes; mais les hommes ainſi changés conviendront plus ou moins à leur pays. En devenant égaux, les mauvais gagneront, les bons perdront encore davantage; tous contracteront un caractere de moleſſe, un eſprit d'inaction qui ôtera aux uns de grandes vertus, & préſervera les autres de méditer de grands crimes.

De ces nouvelles réflexions il réſulte une conſéquence directement contraire à celle que

H

je

je tirois des premieres; favoir que, quand le peuple eft corrompu, les Spectacles lui font bons, & mauvais quand il eft bon lui-même. Il fembleroit donc que ces deux effets contraires devroient s'entredétruire & les Spectacles refter indifférens à tous; mais il y a cette différence que, l'effet qui renforce le bien & le mal, étant tiré de l'efprit des Pieces, eft fujet comme elles à mille modifications qui le réduifent prefque à rien; au-lieu que celui qui change le bien en mal & le mal en bien, réfultant de l'exiftence même du Spectacle, eft un effet conftant, réel, qui revient tous les jours & doit l'emporter à la fin.

Il fuit de-là que, pour juger s'il eft à propos ou non d'établir un Théatre en quelque Ville, il faut premierement favoir fi les mœurs y font bonnes ou mauvaifes; queftion fur laquelle il ne m'appartient peut-être pas de prononcer par rapport à nous. Quoiqu'il en foit, tout ce que je puis accorder là-deffus, c'eft qu'il eft vrai que la Comédie ne nous fera point de mal, fi plus rien ne nous en peut faire.

Pour

Pour prévenir les inconvéniens qui peuvent naître de l'exemple des Comédiens, vous voudriez qu'on les forçât d'être honnêtes gens. Par ce moyen, dites-vous, on auroit à-la-fois des Spectacles & des mœurs, & l'on réuniroit les avantages des uns & des autres. Des Spectacles & des mœurs! Voila qui formeroit vraiment un Spectacle à voir, d'autant plus que ce seroit la premiere fois. Mais quels sont les moyens que vous nous indiquez pour contenir les Comédiens? Des loix séveres & bien exécutées. C'est au moins avouer qu'ils ont besoin d'être contenus, & que les moyens n'en sont pas faciles. Des loix séveres? La premiere est de n'en point souffrir. Si nous enfreignons celle-là, que deviendra la sévérité des autres? Des loix bien exécutées? Il s'agit de savoir si cela se peut: car la force des loix a sa mesure, celle des vices qu'elles répriment a aussi la sienne. Ce n'est qu'après avoir comparé ces deux quantités & trouvé que la premiere surpasse l'autre, qu'on peut s'assurer de l'éxécution des loix. La connoissance de ces

rap-

rapports fait la véritable science du Législa-
teur : car, s'il ne s'agiſſoit que de publier
édits ſur édits, réglemens ſur réglemens, pour
remédier aux abus, à meſure qu'ils naiſſent,
on diroit, ſans doute, de fort belles choſes;
mais qui, pour la plûpart, reſteroient ſans effet, & ſerviroient d'indications de ce qu'il
faudroit faire, plûtot que de moyens pour
l'exécuter. Dans le fond, l'inſtitution des
loix n'eſt pas une choſe ſi merveilleuſe,
qu'avec du ſens & de l'équité, tout homme
ne pût très bien trouver de lui-même celles
qui, bien obſervées, ſeroient les plus utiles à
la Société. Où eſt le plus petit écolier de
droit qui ne dreſſera pas un code d'une morale auſſi pure que celle des loix de Platon ?
Mais ce n'eſt pas de cela ſeul qu'il s'agit.
C'eſt d'approprier tellement ce code au Peuple pour lequel il eſt fait, & aux choſes ſur
leſquelles on y ſtatue, que ſon exécution
s'enſuive du ſeul concours de ces convenances; c'eſt d'impoſer au Peuple à l'exemple de
Solon, moins les meilleures loix en elles-mêmes, que les meilleures qu'il puiſſe comporter

dans

dans la fituation donnée. Autrement, il vaut encore mieux laiffer fubfifter les défordres, que de les prévenir, ou d'y pourvoir, par des loix qui ne feront point obfervées : car fans remédier au mal, c'eft encore avilir les loix.

Une autre obfervation, non moins importante, eft que les chofes de mœurs & de juftice univerfelle ne fe reglent pas, comme celles de juftice particuliere & de droit rigoureux, par des édits & par des loix ; ou fi quelquefois les loix influent fur les mœurs, c'eft quand elles en tirent leur force. Alors elles leur rendent cette même force par une forte de réaction bien connue des vrais politiques. La premiere fonction des Ephores de Sparte, en entrant en charge, étoit une proclamation publique par laquelle ils enjoignoient aux citoyens, non pas d'obferver les loix, mais de les aimer, afin que l'obfervation ne leur en fût point dure. Cette proclamation, qui n'étoit pas un vain formulaire, montre parfaitement l'efprit de l'inftitution de Sparte, par laquelle les loix & les mœurs,

H 3

inti-

intimément unies dans les cœurs des citoyens, n'y faisoient, pour ainsi dire, qu'un
même corps. Mais ne nous flatons pas de
voir Sparte renaître au sein du commerce &
de l'amour du gain. Si nous avions les mêmes maximes, on pourroit établir à Geneve
un Spectacle sans aucun risque : car jamais
citoyen ni bourgeois n'y mettroit le pied.

Par où le gouvernement peut-il donc
avoir prise sur les mœurs ? Je réponds que
c'est par l'opinion publique. Si nos habitudes
naissent de nos propres sentimens dans la retraite, elles naissent de l'opinion d'autrui dans
la Société. Quand on ne vit pas en soi,
mais dans les autres, ce sont leurs jugemens
qui reglent tout ; rien ne paroît bon ni dési-
rable aux particuliers que ce que le public a
jugé tel, & le seul bonheur que la plûpart
des hommes connoissent est d'être estimés
heureux.

Quant au choix des instrumens propres
à diriger l'opinion publique ; c'est une autre
question qu'il seroit superflu de résoudre pour
vous, & que ce n'est pas ici le lieu de ré-

soudre

foudre pour la multitude. Je me contenterai
de montrer par un exemple fenfible que ces
inftrumens ne font ni des loix ni des peines,
ni nulle efpece de moyens coactifs. Cet
exemple eft fous vos yeux : je le tire de votre patrie , c'eft celui du tribunal des Maréchaux de France, établis juges fuprêmes du
point - d'honneur.

DE QUOI s'agiffoit-il dans cette inftitution ?
De changer l'opinion publique fur les duels,
fur la réparation des offenfes , & fur les occafions où un brave homme eft obligé , fous
peine d'infamie , de tirer raifon d'un affront
l'épée à la main. Il s'enfuit de là ;

PREMIEREMENT, que la force n'ayant
aucun pouvoir fur les efprits, il falloit écarter
avec le plus grand-foin tout veftige de violence du Tribunal établi pour opérer ce
changement. Ce mot même de *Tribunal* étoit
mal imaginé : j'aimerois mieux celui de *Cour-
d'honneur*. Ses feules armes devoient être
l'honneur & l'infamie : jamais de récompenfe
utile, jamais de punition corporelle, point de
prifon, point d'arrêts, point de Gardes ar-

H 4

més.

més. Simplement un Appariteur qui auroit fait fes citations en touchant l'accufé d'une baguette blanche, fans qu'il s'enfuivît aucune autre contrainte pour le faire comparoître. Il eft vrai que ne pas comparoître au terme fixé par devant les Juges de l'honneur, c'étoit s'en confeffer dépourvu, c'étoit fe condamner foi-même. De-là réfultoit naturellement note d'infamie, dégradation de nobleffe, incapacité de fervir le Roi dans fes tribunaux, dans fes armées, & autres punitions de ce genre qui tiennent immédiatement à l'opinion, ou en font un effet néceffaire.

IL s'enfuit, en fecond lieu, que, pour déraciner le préjugé public, il falloit des Juges d'une grande autorité fur la matiere en queftion; &, quant à ce point, l'inftituteur entra parfaitement dans l'efprit de l'établiffement: car, dans une Nation toute guerriere, qui peut mieux juger des juftes occafions de montrer fon courage & de celles où l'honneur offenfé demande fatisfaction, que d'anciens militaires chargés de titres d'honneur, qui ont blanchi fous les lauriers, & prouvé cent

fois

fois au prix de leur sang, qu'ils n'ignorent pas quand le devoir veut qu'on en répande?

Il suit, en troisieme lieu, que, rien n'étant plus indépendant du pouvoir suprême que le jugement du public, le souverain devoit se garder, sur toutes choses, de mêler ses décisions arbitraires parmi des arrêts, faits pour représenter ce jugement, &, qui plus est, pour le déterminer. Il devoit s'efforcer au-contraire de mettre la Cour-d'honneur au dessus de lui, comme soumis lui-même à ses décrets respectables. Il ne falloit donc pas commencer par condamner à mort tous les duélistes indistinctement; ce qui étoit mettre d'emblée une opposition choquante entre l'honneur & la loi : car la loi même ne peut obliger personne à se déshonorer. Si tout le peuple a jugé qu'un homme est poltron, le Roi, malgré toute sa puissance, aura beau le déclarer brave, personne n'en croira rien; & cet homme, passant alors pour un poltron qui veut être honoré par force, n'en sera que plus méprisé. Quant à ce que disent les édits, que c'est offenser Dieu de se

H 5

bat-

battre, c'eſt un avis fort pieux ſans doute; mais la loi civile n'eſt point juge des péchés, &, toutes les fois que l'autorité ſouveraine voudra s'interpoſer dans les conflits de l'honneur & de la Religion, elle ſera compromiſe des deux côtés. Les mêmes édits ne raiſonnent pas mieux, quand ils diſent qu'au-lieu de ſe battre, il faut s'addreſſer aux Maréchaux : condamner ainſi le combat ſans diſtinction, ſans réſerve, c'eſt commencer par juger ſoi-même ce qu'on renvoie à leur jugement. On ſait bien qu'il ne leur eſt pas permis d'accorder le duel, même quand l'honneur outragé n'a plus d'autres reſſources; &, ſelon les préjugés du monde, il y a beaucoup de ſemblables cas: car, quant aux ſatisfactions cérémonieuſes, dont on a voulu payer l'offenſé, ce ſont de véritables jeux d'enfant.

Qu'un homme ait le droit d'accepter une réparation pour lui-même & de pardonner à ſon ennemi, en ménageant cette maxime avec art, on la peut ſubſtituer inſenſiblement au féroce préjugé qu'elle attaque; mais il n'en eſt

eſt pas de même, quand l'honneur de gens
auxquels le nôtre eſt lié ſe trouve attaqué;
Dès-lors il n'y a plus d'accommodement poſſible. Si mon pere a reçu un ſoufflet, ſi
ma ſœur, ma femme, ou ma maîtreſſe eſt in-
ſultée, conſerverai-je mon honneur en faiſant
bon marché du leur? Il n'y a ni Marêchaux,
ni ſatisfaction qui ſuffiſent, il faut que je les
venge ou que je me déshonore; les édits ne
me laiſſent que le choix du ſupplice ou de
l'infamie. Pour citer un exemple qui ſe
rapporte à mon ſujet, n'eſt-ce pas un concert
bien entendu entre l'eſprit de la Scene & celui des loix, qu'on aille applaudir au Théatre
ce même Cid qu'on iroit voir pendre à la
Greve?

Ainsi l'on a beau faire; ni la raiſon, ni
la vertu, ni les loix ne vaincront l'opinion
publique, tant qu'on ne trouvera pas l'art de
la changer. Encore une fois, cet art ne
tient point à la violence. Les moyens établis ne ſerviroient, s'ils étoient pratiqués,
qu'à punir les braves gens & ſauver les lâ-
ches; mais heureuſement ils ſont trop abſur-

des

des pour pouvoir être employés, & n'ont
fervi qu'à faire changer de nom aux duels.
Comment falloit-il donc s'y prendre? Il falloit, ce me femble, foumettre abfolument les
combats particuliers à la jurisdiction des Marêchaux, foit pour les juger, foit pour les
prévenir, foit même pour les permettre.
Non feulement il falloit leur laiffer le droit
d'accorder le champ quand ils le jugeroient
à propos ; mais il étoit important qu'ils ufaf-
fent quelquefois de ce droit, ne fut-ce que
pour ôter au public une idée affés difficile à
détruire & qui feule annulle toute leur autorité, favoir que, dans les affaires qui paffent
par devant eux, ils jugent moins fur leur
propre fentiment que fur la volonté du Prince. Alors il n'y avoit point de honte à leur
demander le combat dans une occafion néceffaire; il n'y en avoit pas même à s'en abftenir, quand les raifons de l'accorder n'étoient
pas jugées fuffifantes ; mais il y en aura toujours à leur dire : je fuis offenfé, faites en
forte que je fois difpenfé de me battre.

PAR ce moyen, tous les appels fecrets
fe-

feroient infailliblement tombés dans le décri, quand, l'honneur offensé pouvant fe deffendre & le courage fe montrer au champ d'honneur, on eut très juftement fufpecté ceux qui fe feroient cachés pour fe battre, & quand ceux que la Cour-d'honneur eut jugé s'être mal (n) battus, feroient, en qualité de vils affaffins, reftés foumis aux tribunaux criminels. Je conviens que plufieurs duels n'étant jugés qu'après coup, & d'autres même étant folemnellement autorifés, il en auroit d'abord coûté la vie à quelques braves gens; mais c'eut été pour la fauver dans la fuite à des infinités d'autres, au-lieu que, du fang qui fe verfe malgré les édits, naît une raifon d'en verfer davantage.

Que feroit-il arrivé dans la fuite? A mefure que la Cour-d'honneur auroit acquis de l'autorité fur l'opinion du peuple, par la fageffe

---

(n) Mal, c'eft-à-dire, non feulement en lâche & avec fraude, mais injuftement & fans raifon fuffifante; ce qui fe fut naturellement préfumé de toute affaire non portée au tribunal.

geſſe & le poids de ſes déciſions, elle ſeroit devenue peu-à-peu plus ſévere, juſqu'à ce que les occaſions légitimes ſe réduiſant tout à fait à rien, le point d'honneur eut changé de principes, & que les duels fuſſent entierement abolis. On n'a pas eu tous ces embarras à la vérité, mais auſſi l'on a fait un établiſſement inutile. Si les duels aujourd'hui ſont plus rares, ce n'eſt pas qu'ils ſoient mépriſés ni punis; c'eſt parce que les mœurs ont changé (o): & la preuve que ce changement vient de cauſes toutes différentes auxquelles le gouvernement n'a point de part, la preuve

que

(o) Autrefois les hommes prenoient querelle au cabaret; on les a dégoûtés de ce plaiſir groſſier en leur faiſant bon marché des autres. Autrefois ils s'égorgeoient pour une maîtreſſe; en vivant plus familierement avec les femmes, ils ont trouvé que ce n'étoit pas la peine de ſe battre pour elles. L'ivreſſe & l'amour ôtés, il reſte peu d'importans ſujets de diſpute. Dans le monde on ne ſe bat plus que pour le jeu. Les Militaires ne ſe battent plus que pour des paſſe-droits, ou pour n'être pas forcés de quitter le ſervice. Dans ce ſiecle éclairé chacun ſait calculer, à un écu près, ce que valent ſon honneur & ſa vie.

que l'opinion publique n'a nullement changé
sur ce point, c'est qu'après tant de soins mal
entendus, tout Gentilhomme qui ne tire pas
raison d'un affront, l'épée à la main, n'est
pas moins déshonoré qu'auparavanr.

Une quatrieme conséquence de l'objet du
même établissement, est que, nul homme ne
pouvant vivre civilement sans honneur, tous
les états où l'on porte une épée, depuis le
Prince jusqu'au Soldat, & tous les états même
où l'on n'en porte point, doivent ressortir à
cette Cour-d'honneur ; les uns, pour rendre
compte de leur conduite & de leurs actions ;
les autres, de leurs discours & de leurs maximes: tous également sujets à être honorés ou
flétris selon la conformité ou l'opposition de
leur vie ou de leurs sentimens aux principes
de l'honneur établis dans la Nation &, réfor-
més insensiblement par le Tribunal, sur ceux
de la justice & de la raison. Borner cette
compétence aux nobles & aux militaires,
c'est couper les rejettons & laisser la racine:
car si le point d'honneur fait agir la No-
blesse, il fait parler le peuple; les uns ne se

battent

battent que par ce que les autres les jugent, & pour changer les actions dont l'estime publique est l'objet, il faut auparavant changer les jugemens qu'on en porte. Je suis convaincu qu'on ne viendra jamais à bout d'opérer ces changemens sans y faire intervenir les femmes mêmes, de qui dépend en grande partie la maniere de penser des hommes.

De ce principe il suit encore que le tribunal doit être plus ou moins redouté dans les diverses conditions, à proportion qu'elles ont plus ou moins d'honneur à perdre, selon les idées vulgaires qu'il faut toujours prendre ici pour regles. Si l'établissement est bien fait, les Grands & les Princes doivent trembler au seul nom de la Cour-d'honneur. Il auroit fallu qu'en l'instituant on y eût porté tous les démêlés personnels, existans alors entre les premiers du Royaume ; que le Tribunal les eût jugés définitivement autant qu'ils pouvoient l'être par les seules loix de l'honneur ; que ces jugemens eussent été séveres ; qu'il y eût eu des cessions de pas & de rang, personnelles & indépendantes du droit des places,

des

des interdictions du port des armes ou de paroître devant la face du Prince, ou d'autres punitions semblables, nulles par elles-mêmes, grieves par l'opinion, jusqu'à l'infamie inclusivement qu'on auroit pu regarder comme la peine capitale décernée par la Cour-d'honneur ; que toutes ces peines eussent eu par le concours de l'autorité suprême les mêmes effets qu'a naturellement le jugement public quand la force n'annulle point ses décisions ; que le tribunal n'eut point statué sur des bagatelles, mais qu'il n'eut jamais rien fait à demi ; que le Roi même y eut été cité, quand il jetta sa canne par la fenêtre, de peur, dit-il, de frapper un Gentilhomme (p) ; qu'il eut comparu en accusé avec sa partie ; qu'il eut été jugé solemnellement, condamné à faire réparation au Gentilhomme, pour l'affront indirect qu'il lui avoit fait ; & que le Tribunal lui eut en même tems décerné un prix d'honneur, pour la modération du

Mo-

(p) M. de Lauzun. Voila, selon moi, des coups de canne bien noblement appliqués.

I

Monarque dans la colere. Ce prix, qui de-voit être un figne très fimple, mais vifible, porté par le Roi durant toute fa vie, lui eut été, ce me femble, un ornement plus hono-rable que ceux de la royauté, & je ne doute pas qu'il ne fût devenu le fujet des chants de plus d'un Poëte. Il eft certain que, quant à l'honneur, les Rois eux - mêmes font foumis plus que perfonne au jugement du public, & peuvent, par conféquent, fans s'abbaiffer, comparoître au tribunal qui le repréfente. Louis XIV étoit digne de faire de ces cho-fes-là, & je crois qu'il les eût faites, fi quel-qu'un les lui eût fuggérées.

Avec toutes ces précautions & d'autres femblables, il eft fort douteux qu'on eût réuf-fi : parce qu'une pareille inftitution eft entie-rement contraire à l'efprit de la Monarchie; mais il eft très fûr que pour les avoir négli-gées, pour avoir voulu mêler la force & les loix dans des matieres de préjugés & chan-ger le point-d'honneur par la violence, on a compromis l'autorité royale & rendu mé-prifables des loix qui paffoient leur pouvoir.

Ce-

CEPENDANT en quoi confiftoit ce préjugé qu'il s'agiffoit de détruire ? Dans l'opinion la plus extravagante & la plus barbare
qui jamais entra dans l'efprit humain, favoir,
que tous les devoirs de la Société font fup-
pléés par la bravoure ; qu'un homme n'eft
plus fourbe, fripon, calomniateur, qu'il eft
civil, humain, poli, quand il fait fe battre;
que le menfonge fe change en vérité, que le
vol devient légitime, la perfidie honnête, l'infidélité louable, fi-tôt qu'on foutient tout cela
le fer à la main ; qu'un affront eft toujours
bien réparé par un coup d'épée; & qu'on n'a
jamais tort avec un homme, pourvu qu'on le
tue. Il y a, je l'avoue, une autre forte
d'affaire où la gentilleffe fe mêle à la cruauté,
& où l'on ne tue les gens que par hazard;
c'eft celle où l'on fe bat au premier fang.
Au premier fang ! Grand Dieu ! Et qu'en
veux-tu faire de ce fang, Bête féroce! Le
veux-tu boire ? Le moyen de fonger à ces
horreurs fans émotion ? Tels font les préjugés que les Rois de France, armés de toute
la force publique, ont vainement attaqués.

I 2

L'o-

L'opinion, reine du monde, n'eſt point ſou-
miſe au pouvoir des Rois; ils ſont eux-mêmes ſes premiers eſclaves.

JE finis cette longue digreſſion, qui mal-
heureuſement ne ſera pas la derniere; & de
cet exemple, trop brillant peut-être, *ſi parva
licet componere magnis*, je reviens à des ap-
plications plus ſimples. Un des infaillibles
effets d'un Théatre établi dans une auſſi petite ville que la nôtre, ſera de changer nos
maximes, ou ſi l'on veut, nos préjugés &
nos opinions publiques; ce qui changera néceſſairement nos mœurs contre d'autres, meilleures ou pires, je n'en dis rien encore,
mais ſurement moins convenables à notre conſtitution. Je demande, Monſieur, par quelles loix efficaces vous remédierez à cela? Si
le gouvernement peut beaucoup ſur les mœurs,
c'eſt ſeulement par ſon inſtitution primitive:
quand une fois il les a déterminées, non ſeulement il n'a plus le pouvoir de les changer,
à moins qu'il ne change, il a même bien de
la peine à les maintenir contre les accidens
inévitables qui les attaquent, & contre la
pente

pente naturelle qui les altere. Les opinions publiques, quoique si difficiles à gouverner, font pourtant par elles-mêmes très mobiles & changeantes. Le hazard, mille caufes fortuites, mille circonftances imprévues font ce que la force & la raifon ne fauroient faire ; ou plutôt, c'eft précifément parce que le hazard les dirige, que la force n'y peut rien: comme les dés qui partent de la main, quelque impulfion qu'on leur donne, n'en amenent pas plus aifément le point qu'on defire.

Tout ce que la fageffe humaine peut faire, eft de prévenir les changemens, d'arrêter de loin tout ce qui les amene; mais fi-tôt qu'on les fouffre & qu'on les autorife, on eft rarement maître de leurs effets, & l'on ne peut jamais fe répondre de l'être. Comment donc préviendrons-nous ceux dont nous aurons volontairement introduit la caufe? A l'imitation de l'établiffement dont je viens de parler, nous propoferez-vous d'inftituer des Cenfeurs? Nous en avons déja (q); & fi

toute

(q) Le Confiftoire, & la chambre de la Ré-forme. I 3

toute la force de ce tribunal suffit à peine pour nous maintenir tels que nous sommes; quand nous aurons ajoûté une nouvelle inclinaison à la pente des mœurs, que fera-t-il pour arrêter ce progrès? Il est clair qu'il n'y pourra plus suffire. La premiere marque de son impuissance à prévenir les abus de la Comédie, sera de la laisser établir. Car il est aisé de prévoir que ces deux établissemens ne sauroient subsister long-tems ensemble, & que la Comédie tournera les Censeurs en ridicule, ou que les Censeurs feront chasser les Comédiens.

Mais il ne s'agit pas seulement ici de l'insuffisance des loix pour réprimer de mauvaises mœurs, en laissant subsister leur cause. On trouvera, je le prévois, que, l'esprit rempli des abus qu'engendre nécessairement le Théatre, & de l'impossibilité générale de prévenir ces abus, je ne réponds pas assés précisément à l'expédient proposé, qui est d'avoir des Comédiens honnêtes-gens, c'est-à-dire, de les rendre tels. Au fond cette discussion particuliere n'est plus fort nécessaire:

tout

tout ce que j'ai dit jufqu'ici des effets de la Comédie, étant indépendant des mœurs des Comédiens, n'en auroit pas moins lieu, quand ils auroient bien profité des leçons que vous nous exhortez à leur donner, & qu'ils deviendroient par nos foins autant de modeles de vertu. Cependant par égard au fentiment de ceux de mes compatriotes qui ne voient d'autre danger dans la Comédie que le mauvais exemple des Comédiens, je veux bien rechercher encore, fi, même dans leur fuppofition, cet expédient eft praticable avec quelque efpoir de fuccès, & s'il doit fuffire pour les tranquillifer.

En commençant par obferver les faits avant de raifonner fur les caufes, je vois en général que l'état de Comédien eft un état de licence & de mauvaifes mœurs; que les hommes y font livrés au défordre; que les femmes y menent une vie fcandaleufe; que les uns & les autres, avares & prodigues tout à la fois, toujours accablés de dettes & toujours verfant l'argent à pleines mains, font aufli peu retenus fur leurs diffipations, que

peu

peu scrupuleux sur les moyens d'y pourvoir.
Je vois encore que, par tout pays, leur profession est déshonorante, que ceux qui l'exercent, excommuniés ou non, sont par-tout
méprisés (r), & qu'à Paris même, où ils
ont plus de considération & une meilleure
conduite que par-tout ailleurs, un Bourgeois
craindroit de fréquenter ces mêmes Comédiens
qu'on voit tous les jours à la table des Grands.
Une troisieme observation, non moins importante, est que ce dédain est plus fort par-tout
où les mœurs sont plus pures, & qu'il y a
des pays d'innocence & de simplicité où le
métier de Comédien est presque en horreur.
Voila des faits incontestables. Vous me direz
qu'il n'en résulte que des préjugés. J'en conviens: mais ces préjugés étant universels, il
faut

(r) Si les Anglois ont inhumé la célebre Old-
field à côté de leurs Rois, ce n'étoit pas son métier, mais son talent qu'ils vouloient honorer.
Chés eux les grands talens annoblissent dans les
moindres états; les petits avilissent dans les plus
illustres. Et quant à la profession des Comédiens,
les mauvais & les médiocres sont méprisés à Londres, autant ou plus que par-tout ailleurs.

faut leur chercher une cause univerſelle, & je ne vois pas qu'on la puiſſe trouver ailleurs que dans la profeſſion même à laquelle ils ſe rapportent. A cela vous répondez que les Comédiens ne ſe rendent mépriſables que parce qu'on les mépriſe; mais pourquoi les eut-on mépriſés s'ils n'euſſent été mépriſables? Pourquoi penſeroit-on plus mal de leur état que des autres, s'il n'avoit rien qui l'en diſtingât? Voila ce qu'il faudroit examiner, peut-être, avant de les juſtifier aux dépens du public.

Je pourrois imputer ces préjugés aux déclamations des Prêtres, ſi je ne les trouvois établis chez les Romains avant la naiſſance du Chriſtianiſme, &, non ſeulement courans vaguement dans l'eſprit du peuple, mais autoriſés par des loix expreſſes qui déclaroient les Acteurs infâmes, leur ôtoient le titre & les droits de Citoyens Romains, & mettoient les Actrices au rang des proſtituées. Ici toute autre raiſon manque, hors celle qui ſe tire de la nature de la choſe. Les Prêtres payens & les dévots, plus favorables que

con-

contraires à des Spectacles qui faifoient partie des jeux confacrés à la Religion (s), n'avoient aucun intérêt à les décrier, & ne les décrioient pas en effet. Cependant, on pouvoit dès-lors fe récrier, comme vous faites, fur l'inconféquence de déshonorer des gens qu'on protege, qu'on paie, qu'on penfionne; ce qui, à vrai dire, ne me paroît pas fi étrange qu'à vous: car il eft à propos quelquefois que l'Etat encourage & protege des profeffions déshonorantes, mais utiles, fans que ceux qui les exercent en doivent être plus confidérés pour cela.

J'ai lu quelque part que ces flétriffures étoient moins impofées à de vrais Comédiens qu'à des Hiftrions & Farceurs qui fouilloient leurs jeux d'indécence & d'obfcénités; mais cette diftinction eft infoutenable: car les mots de Comédien & d'Hiftrion étoient parfaitement

ment

(s) Tite live dit que les jeux fcéniques furent introduits à Rome l'an 390. à l'occafion d'une pefte qu'il s'agiffoit d'y faire ceffer. Aujourd'hui l'on fermeroit les Théatres pour le même fujet & fûrement cela feroit plus raifonnable.

ment fynonimes, & n'avoient d'autre différence, finon que l'un étoit Grec & l'autre
Etrufque. Cicerón, dans le livre de l'Orateur,
appelle Hiftrions les deux plus grands Aêteurs
qu'ait jamais eu Rome, Efope & Rofcius;
dans fon plaidoyé pour ce dernier, il plaint
un fi honnête-homme d'exercer un métier fi
peu honnête. Loin de diftinguer entre les Comédiens, Hiftrions & Farceurs, ni entre les
Aêteurs des Tragédies & ceux des Comédies, la loi couvre indiftinctement du même
opprobre tous ceux qui montent fur le Théatre. *Quifquis in Scenam prodierit, ait Prætor,
infamis eft.* Il eft vrai, feulement, que cet
opprobre tomboit moins fur la repréfentation
même, que fur l'état où l'on en faifoit métier : puifque la Jeuneffe de Rome repréfen-
toit publiquement, à la fin des grandes Pieces, les Attellanes ou Exodes, fans déshon-
neur. A cela près, on voit dans mille en-
droits que tous les Comédiens indifféremment
étoient efclaves, & traités comme tels, quand
le public n'étoit pas content d'eux.

Je ne fache qu'un feul Peuple qui n'ait

pas

pas eu là-deffus les maximes de tous les autres, ce font les Grecs. Il eft certain que,
chés eux, la profeffion du Théatre étoit fi
peu déshonnête que la Grece fournit des
exemples d'Acteurs chargés de certaines fonctions publiques, foit dans l'Etat, foit en Am-
baffades. Mais on pourroit trouver aifément
les raifons de cette exception. 1°. La Tragédie ayant été inventée chés les Grecs,
auffi bien que la Comédie, ils ne pouvoient
jetter d'avance une impreffion de mépris fur
un état dont on ne connoiffoit pas encore
les effets; &, quand on commença de les
connoître, l'opinion publique avoit déja pris
fon pli. 2°. Comme la Tragédie avoit quelque chofe de facré dans fon origine, d'abord
fes Acteurs furent plutôt regardés comme des
Prêtres que comme des Baladins. 3°. Tous
les fujets des Pieces n'étant tirés que des antiquités nationales dont les Grecs étoient
idolâtres, ils voyoient dans ces mêmes Acteurs, moins des gens qui jouoient des fables, que des Citoyens inftruits qui repréfentoient aux yeux de leurs compatriotes l'hif-

toire

toire de leur pays. 4°. Ce Peuple, enthou-
fiafte de fa liberté jufqu'à croire que les
Grecs étoient les feuls hommes libres par nature, fe rappelloit avec un vif fentiment de
plaifir fes anciens malheurs & les crimes de
fes Maîtres. Ces grands tableaux l'inftrui-
foient fans ceffe, & il ne pouvoit fe défendre d'un peu de refpect pour les organes de
cette inftruction. 5°. La Tragédie n'étant
d'abord jouée que par des hommes, on ne
voyoit point, fur leur Théatre, ce mélange
fcandaleux d'hommes & de femmes qui fait
des nôtres autant d'écoles de mauvaifes
mœurs. 6°. Enfin leurs Spectacles n'avoient
rien de la mefquinerie de ceux d'aujourd'hui.
Leurs Théatres n'étoient point élevés par
l'intérêt & par l'avarice; ils n'étoient point
renfermés dans d'obfcures prifons; leurs Acteurs n'avoient pas befoin de mettre à con-
tribution les Spectateurs, ni de compter du
coin de l'œil les gens qu'ils voyoient paffer
la porte, pour être fûrs de leur fouper.

Ces grands & fuperbes Spectacles donnés
fous le Ciel, à la face de toute une nation,

n'ofn'offroient de toutes parts que des combats, des victoires, des prix, des objets capables d'inspirer aux Grecs une ardente émulation, & d'échauffer leurs cœurs de sentimens d'honneur & de gloire. C'est au milieu de cet imposant appareil, si propre à élever & remuer l'ame, que les Acteurs, animés du même zele, partageoient, selon leurs talens, les honneurs rendus aux vainqueurs des jeux, souvent aux premiers hommes de la nation. Je ne suis pas surpris que, loin de les avilir, leur métier, exercé de cette maniere, leur donnât cette fierté de courage & ce noble désintéressement qui sembloit quelquefois élever l'Acteur à son personnage. Avec tout cela, jamais la Grece, excepté Sparte, ne fut citée en exemple de bonnes mœurs; & Sparte, qui ne souffroit point de Théatre, n'avoit garde d'honorer ceux qui s'y montrent.

REVENONS aux Romains qui, loin de suivre à cet égard l'exemple des Grecs, en donnerent un tout contraire. Quand leurs loix déclaroient les Comédiens infames, étoit-

ce

ce dans le deffein d'en déshonorer la profeffion? Quelle eut été l'utilité d'une difpofition
fi cruelle? Elles ne la déshonoroient point,
elles rendoient feulement authentique le dés-
honneur qui en eft inféparable: car jamais les
bonnes loix ne changent la nature des chofes, elles ne font que la fuivre, & celles-là
feules font obfervées. Il ne s'agit donc pas
de crier d'abord contre les préjugés; mais de
favoir premierement fi ce ne font que des
préjugés; fi la profeffion de Comédien n'eft
point, en effet, déshonorante en elle-même:
car, fi par malheur elle l'eft, nous aurons
beau ftatuer qu'elle ne l'eft pas, au-lieu de
la réhabiliter, nous ne ferons que nous avilir
nous-mêmes.

Qu'EST-CE que le talent du Comédien?
L'art de fe contrefaire, de revêtir un autre
caractere que le fien, de paroître différent de
ce qu'on eft, de fe paffionner de fang-froid,
de dire autre chofe que ce qu'on penfe auffi
naturellement que fi l'on le penfoit réellement, & d'oublier enfin fa propre place à
force de prendre celle d'autrui. Qu'eft-ce

que

que la profession du Comédien? Un métier
par lequel il se donne en représentation pour
de l'argent, se soumet à l'ignominie & aux
affronts qu'on achette le droit de lui faire,
& met publiquement sa personne en vente.
J'adjure tout homme sincere de dire s'il ne
sent pas au fond de son ame qu'il y a dans
ce trafic de soi-même quelque chose de servile & de bas. Vous autres philosophes, qui
vous prétendez si fort au dessus des préjugés, ne mourriez-vous pas tous de honte si,
lâchement travestis en Rois, il vous falloit
aller faire aux yeux du public un rôle différent du vôtre, & exposer vos Majestés aux
huées de la populace? Quel est donc, au
fond, l'esprit que le Comédien reçoit de son
état? Un mélange de bassesse, de fausseté,
de ridicule orgueil, & d'indigne avilissement,
qui le rend propre à toutes sortes de personnages, hors le plus noble de tous, celui
d'homme qu'il abandonne.

Je sais que le jeu du Comédien n'est pas
celui d'un fourbe qui veut en imposer, qu'il
ne prétend pas qu'on le prenne en effet

pour

pour la perſonne qu'il repréſente, ni qu'on le croie affecté des paſſions qu'il imite, & qu'en donnant cette imitation pour ce qu'elle eſt, il la rend tout à fait innocente. Auſſi ne l'accuſé-je pas d'être préciſément un trompeur, mais de cultiver pour tout métier le talent de tromper les hommes, & de s'exercer à des habitudes qui, ne pouvant être innocentes qu'au Théatre, ne ſervent par-tout ailleurs qu'à mal faire. Ces hommes ſi bien parés, ſi bien exercés au ton de la galanterie & aux accens de la paſſion, n'abuſeront-ils jamais de cet art pour ſéduire de jeunes perſonnes? Ces valets filoux, ſi ſubtils de la langue & de la main ſur la Scene, dans les beſoins d'un métier plus diſpendieux que lucratif, n'auront-ils jamais de diſtractions utiles? Ne prendront-ils jamais la bourſe d'un fils prodigue ou d'un pere avare pour celle de Léandre ou d'Argan? Par-tout la tentation de mal faire augmente avec la facilité; & il faut que les Comédiens ſoient plus vertueux que les autres hommes, s'ils ne ſont pas plus corrompus.

K   L'O-

L'Orateur, le Prédicateur, pourra-t-on me dire encore, paient de leur perfonne ainſi que le Comédien. La différence eſt très grande. Quand l'Orateur ſe montre, c'eſt pour parler & non pour ſe donner en ſpectacle : il ne repréſente que lui-même, il ne fait que ſon propre rôle, ne parle qu'en ſon propre nom, ne dit ou ne doit dire que ce qu'il penſe ; l'homme & le perſonnage étant le même être, il eſt à ſa place ; il eſt dans le cas de tout autre Citoyen qui remplit les fonctions de ſon état. Mais un Comédien ſur la Scene, étalant d'autres ſentimens que les ſiens, ne diſant que ce qu'on lui fait dire, repréſentant ſouvent un être chimérique, s'anéantit, pour ainſi dire, s'annule avec ſon héros ; & dans cet oubli de l'homme, s'il en reſte quelque choſe, c'eſt pour être le jouet des Spectateurs. Que dirai-je de ceux qui ſemblent avoir peur de valoir trop par eux-mêmes, & ſe dégradent juſqu'à repréſenter des perſonnages auxquels ils ſeroient bien fâchés de reſſembler ? C'eſt un grand mal, ſans doute, de voir tant de ſcé-

lérats

lérats dans le monde faire des rôles d'honnêtes gens; mais y a-t-il rien de plus odieux,
de plus choquant, de plus lâche, qu'un honnête homme à la Comédie faifant le rôle
d'un fcélérat, & déployant tout fon talent
pour faire valoir de criminelles maximes,
dont lui-même eft pénétré d'horreur ?

Si l'on ne voit en tout ceci qu'une profeffion peu honnête, on doit voir encore une
fource de mauvaifes mœurs dans le défordre
des Actrices, qui force & entraîne celui des
Acteurs. Mais pourquoi ce défordre eft-il
inévitable ? Ah, pourquoi ! Dans tout autre
tems on n'auroit pas befoin de le demander;
mais dans ce fiecle où regnent fi fierement
les préjugés & l'erreur fous le nom de philofophie, les hommes, abrutis par leur vain
favoir, ont fermé leur efprit à la voix de la
raifon, & leur cœur à celle de la nature.

Dans tout état, dans tout pays, dans
toute condition, les deux fexes ont entr'eux
une liaifon fi forte & fi naturelle que les
mœurs de l'un décident toujours de celles de
l'autre. Non que ces mœurs foient toujours

les

les mêmes, mais elles ont toujours le même degré de bonté, modifié dans chaque sexe par les penchans qui lui sont propres. Les Angloises sont douces & timides. Les Anglois sont durs & féroces. D'où vient cette apparente opposition ? De ce que le caractere de chaque sexe est ainsi renforcé, & que c'est aussi le caractere nationnal de porter tout à l'extrême. A cela près, tout est semblable. Les deux sexes aiment à vivre à part ; tous deux font cas des plaisirs de la table ; tous deux se rassemblent pour boire après le repas, les hommes du vin, les femmes du thé ; tous deux se livrent au jeu sans fureur & s'en font un métier plutôt qu'une passion ; tous deux ont un grand respect pour les choses honnêtes ; tous deux aiment la patrie & les loix ; tous deux honorent la foi conjugale, &, s'ils la violent, ils ne se font point un honneur de la violer ; la paix domestique plait à tous deux ; tous deux sont silencieux & taciturnes ; tous deux difficiles à émouvoir ; tous deux emportés dans leurs passions ; pour tous deux l'amour est terrible & tragique, il déci-

de

de du fort de leurs jours , il ne s'agit pas de moins , dit Muralt , que d'y laiſſer la raiſon ou la vie ; enfin tous deux ſe plaiſent à la campagne , & les Dames Angloiſes errent auſſi volontiers dans leurs parcs ſolitaires, qu'elles vont ſe montrer à Vauxhall. De ce goût commun pour la ſolitude , naît auſſi celui des lectures contemplatives & des Romans dont l'Angleterre eſt inondée (t). Ainſi tous deux, plus recueillis avec eux-mêmes, ſe livrent moins à des imitations frivoles, prennent mieux le goût des vrais plaiſirs de la vie , & ſongent moins à paroître heureux qu'à l'être.

J'ai cité les Anglois par préférence, parce qu'ils ſont, de toutes les nations du monde, celle où les mœurs des deux ſexes paroiſſent d'abord le plus contraires. De leur rapport dans ce pays-là nous pouvons conclurre pour les autres. Toute la différencé conſiſte

en

(t) Ils y ſont, comme les hommes , ſublimes ou déteſtables. On n'a jamais fait encore en quelque langue que ce ſoit, de Roman égal à *Clariſſe*, ni même approchant.

en ce que la vie des femmes eft un développement continuel de leurs mœurs, au-lieu
que celle des hommes s'effaçant davantage
dans l'uniformité des affaires, il faut attendre
pour en juger, de les voir dans les plaifirs.
Voulez-vous donc connoître les hommes?
Etudiez les femmes. Cette maxime eft générale, & jufques-là tout le monde fera d'accord avec moi. Mais fi j'ajoûte qu'il n'y a
point de bonnes mœurs pour les femmes hors
d'une vie retirée & domeftique; fi je dis que
les paifibles foins de la famille & du ménage
font leur partage, que la dignité de leur fexe eft dans fa modeftie, que la honte & la
pudeur font en elles inféparables de l'honnêteté, que rechercher les regards des hommes
c'eft déja s'en laiffer corrompre, & que toute
femme qui fe montre fe déshonore : à l'inftant va s'élever contre moi cette philofophie
d'un jour qui naît & meurt dans le coin d'u-
ne grande ville, & veut étouffer de là le
cri de la Nature & la voix unanime du genre humain.

Préjugés populaires! me crie-t-on. Petites

erreurs

erreurs de l'enfance ! Tromperie des loix & de l'éducation ! La pudeur n'eſt rien. Elle n'eſt qu'une invention des loix ſociales pour mettre à couvert les droits des peres & des époux, & maintenir quelque ordre dans les familles. Pourquoi rougirions-nous des beſoins que nous donna la Nature ? Pourquoi trouverions-nous un motif de honte dans un acte auſſi indifférent en ſoi, & auſſi utile dans ſes effets que celui qui concourt à perpétuer l'eſpece ? Pourquoi, les deſirs étant égaux des deux parts, les démonſtrations en ſeroient elles différentes ? Pourquoi l'un des ſexes ſe refuſeroit-il plus que l'autre aux penchans qui leur ſont communs ? Pourquoi l'homme auroit-il ſur ce point d'autres loix que les animaux ?

Ces pourquoi, dit le Dieu, ne finiroient jamais.

Mais ce n'eſt pas à l'homme, c'eſt à ſon Auteur qu'il les faut addreſſer. N'eſt-il pas plaiſant qu'il faille dire pourquoi j'ai honte d'un ſentiment naturel, ſi cette honte ne m'eſt pas moins naturelle que ce ſentiment même ? Autant vaudroit me demander auſſi

pour-

pourquoi j'ai ce fentiment. Eft-ce à moi de rendre compte de ce qu'a fait la Nature? Par cette maniere de raïfonner, ceux qui ne voient pas pourquoi l'homme eft exiftant, devroient nier qu'il exifte.

J'ai peur que ces grands fcrutateurs des confeils de Dieu n'aient un peu légerement pefé fes raifons. Moi qui ne me pique pas de les connoître, j'en crois voir qui leur ont échappé. Quoiqu'ils en difent, la honte qui voile aux yeux d'autrui les plaifirs de l'amour, eft quelque chofe. Elle eft la fauvegarde commune que la Nature a donnée aux deux fexes, dans un état de foiblefle & d'oubli d'eux-mêmes qui les livre à la merci du premier venu; c'eft ainfi qu'elle couvre leur fommeil des ombres de la nuit, afin que durant ce tems de ténebres ils foient moins expofés aux attaques les uns des autres; c'eft ainfi qu'elle fait chercher à tout animal fouffrant la retraite & les lieux déferts, afin qu'il fouffre & meure en paix, hors des atteintes qu'il ne peut plus repoufler.

A l'égard de la pudeur du fexe en parti-cu-

culier, quelle arme plus douce eût pu donner cette même Nature à celui qu'elle deſtinoit à ſe défendre ? Les deſirs ſont égaux ! Qu'eſt-ce à dire ? Y a-t-il de part & d'autre mêmes facultés de les ſatisfaire ? Que deviendroit l'eſpece humaine, ſi l'ordre de l'attaque & de la défenſe étoit changé ? L'aſſaillant choiſiroit au hazard des tems où la victoire ſeroit impoſſible ; l'aſſailli ſeroit laiſſé en paix, quand il auroit beſoin de ſe rendre , & pourſuivi ſans relâche , quand il ſeroit trop foible pour ſuccomber ; enfin le pouvoir & la volonté toujours en diſcorde ne laiſſant jamais partager les deſirs , l'amour ne ſeroit plus le ſoutien de la Nature , il en ſeroit le deſtructeur & le fléau.

Si les deux ſexes avoient également fait & reçu les avances , la vaine importunité n'eut point été ſauvée ; des feux toujours languiſſans dans une ennuyeuſe liberté ne ſe fuſſent jamais irrités, le plus doux de tous les ſentimens eut à peine effleuré le cœur humain, & ſon objet eut été mal rempli. L'obſtacle apparent qui ſemble éloigner cet objet , eſt au

K 5

fond

fond ce qui le rapproche. Les defirs voilés par la honte n'en deviennent que plus féduifans ; en les gênant la pudeur les enflamme: fes craintes, fes détours , fes réfervés, fes timides aveux ; fa tendre & naïve fineffe, difent mieux ce qu'elle croit taire que la paffion ne l'eût dit fans elle : c'eft elle qui donne du prix aux faveurs & de la douceur aux refus. Le véritable amour poffede en effet ce que la feule pudeur lui difpute ; ce mélange de foibleffe & de modeftie le rend plus touchant & plus tendre ; moins il obtient , plus la valeur de ce qu'il obtient en augmente, & c'eft ainfi qu'il jouit à la fois de fes privations & de fes plaifirs.

Pourquoi, difent-ils , ce qui n'eft pas honteux à l'homme, le feroit-il à la femme? Pourquoi l'un des fexes fe feroit-il un crime de ce que l'autre fe croit permis? Comme fi les conféquences étoient les mêmes des deux côtés ! Comme fi tous les aufteres devoirs de la femme ne dérivoient pas de cela feul qu'un enfant doit avoir un pere. Quand ces importantes confidérations nous manqueroient,

nous

nous aurions toujours la même réponfe à faire, & toujours elle feroit fans replique. Ainfi l'a voulu la Nature, c'eft un crime d'étouffer fa voix. L'homme peut être audacieux,
telle eft fa deftination (v) : il faut bien que
quel-

(v) Diftingons cette audace de l'infolence &
de la brutalité ; car rien ne part de fentimens
plus oppofés, & n'a d'effets plus contraires. Je
fuppofe l'amour innocent & libre, ne recevant de
loix que de lui-même ; c'eft à lui feul qu'il appartient de préfider à fes mifteres, & de former
l'union des perfonnes, ainfi que celle des cœurs.
Qu'un homme infulte à la pudeur du fexe, & at-
tente avec violence aux charmes d'un jeune objet
qui ne fent rien pour lui ; fa groffiereté n'eft
point paffionnée, elle eft outrageante ; elle annonce
une ame fans mœurs, fans délicateffe, incapable à
la fois d'amour & d'honnêteté. Le plus grand
prix des plaifirs eft dans le cœur qui les donne:
un véritable amant ne trouveroit que douleur, ra-
ge, & défefpoir dans la poffeffion même de ce
qu'il aime, s'il croyoit n'en point être aimé.
Vouloir contenter infolemment fes defirs fans
l'aveu de celle qui les fait naître, eft l'audace
d'un Satire ; celle d'un homme eft de favoir les
témoigner fans déplaire, de les rendre intéreffans,
de faire en forte qu'on les partage, d'afffervir les
fentimens avant d'attaquer la perfonne. Ce n'eft
pas

quelqu'un se déclare. Mais toute femme sans pudeur est coupable, & dépravée; parce qu'elle foule aux pieds un sentiment naturel à son sexe.

COMMENT peut-on disputer la vérité de ce sentiment? Toute la terre n'en rendît-elle pas l'éclatant témoignage, la seule comparaison des sexes suffiroit pour la constater. N'est-ce pas la Nature qui pare les jeunes personnes de ces traits si doux qu'un peu de honte rend plus touchans encore? N'est-ce pas elle qui met dans leurs yeux ce regard timi-

pas encore assés d'être aimé, les desirs partagés ne donnent pas seuls le droit de les satisfaire; il faut de plus le consentement de la volonté. Le cœur accorde en vain ce que la volonté refuse. L'honnête homme & l'amant s'en abstient, même quand il pourroit l'obtenir. Arracher ce consentement tacite, c'est user de toute la violence permise en amour. Le lire dans les yeux, le voir dans les manieres malgré le refus de la bouche, c'est l'art de celui qui fait aimer; s'il acheve alors d'être heureux, il n'est point brutal, il est honnête; il n'outrage point la pudeur, il la respecte, il la sert; il lui laisse l'honneur de défendre encore ce qu'elle eut peut-être abandonné.

timide & tendre auquel on réſiſte avec tant
de peine ? N'eſt-ce pas elle qui donne à leur
teint plus d'éclat, & à leur peau plus de fi-
neſſe, afin qu'une modeſte rougeur s'y laiſſe
mieux appercevoir ? N'eſt-ce pas elle qui les
rend craintives afin qu'elles fuient, & foibles
afin qu'elles cedent ? A quoi bon leur donner
un cœur plus ſenſible à la pitié, moins de
viteſſe à la courſe, un corps moins robuſte,
une ſtature moins haute, des muſcles plus dé-
licats, ſi elle ne les eût deſtinées à ſe laiſſer
vaincre ? Aſſujéties aux incommodités de la
groſſeſſe, & aux douleurs de l'enfantement,
ce ſurcroît de travail exigeoit-il une diminution de forces ? Mais pour les réduire à cet
état pénible, il les falloit aſſés fortes pour ne
ſuccomber qu'à leur volonté, & aſſés foibles
pour avoir toujours un prétexte de ſe rendre.
Voila préciſément le point où les a placé la
Nature.

Passons du raiſonnement à l'expérience.
Si la pudeur étoit un préjugé de la Société
& de l'éducation, ce ſentiment devroit augmenter dans les lieux où l'éducation eſt plus

ſoifoignée, & où l'on rafine inceffamment fur les loix fociales ; il devroit être plus foible par-tout où l'on eft refté plus près de l'état primitif. C'eft tout le contraire (x). Dans nos montagnes les femmes font timides & modeftes, un mot les fait rougir, elles n'ofent lever les yeux fur les hommes, & gardent le filence devant eux. Dans les grandes Villes la pudeur eft ignoble & baffe ; c'eft la feule chofe dont une femme bien élevée auroit honte ; & l'honneur d'avoir fait rougir un honnête-homme n'appartient qu'aux femmes du meilleur air.

L'ARGUMENT tiré de l'exemple des bêtes ne conclud point, & n'eft pas vrai. L'homme n'eft point un chien ni un loup. Il ne faut qu'établir dans fon efpece les premiers rapports de la Société pour donner à fes fentimens une moralité toujours inconnue aux bêtes.

(x) Je m'attends à l'objection. Les femmes fauvages n'ont point de pudeur : car elles vont nues ? Je répons que les nôtres en ont encore moins : car elles s'habillent. Voyez la fin de cet effai, au fujet des filles de Lacédémone.

bêtes. Les animaux ont un cœur & des paſſions ; mais la ſainte image de l'honnête &
du beau n'entra jamais que dans le cœur de
l'homme.

MALGRE' cela, où a-t-on pris que l'inſ-
tinct ne produit jamais dans les animaux des
effets ſemblables à ceux que la honte produit
parmi les hommes ? Je vois tous les jours
des preuves du contraire. J'en vois ſe cacher dans certains beſoins, pour dérober aux
ſens un objet de dégoût ; je les vois enſuite,
au lieu de fuir, s'empreſſer d'en couvrir les
veſtiges. Que manque-t-il à ces ſoins pour
avoir un air de décence & d'honnêteté, ſi
non d'être pris par des hommes ? Dans leurs
amours, je vois des caprices, des choix,
des refus concertés, qui tiennent de bien près
à la maxime d'irriter la paſſion par des obſta-
cles. A l'inſtant même où j'écris ceci, j'ai
ſous les yeux un exemple qui le confirme.
Deux jeunes pigeons, dans l'heureux tems de
leurs premieres amours, m'offrent un tableau
bien différent de la ſote brutalité que leur
prêtent nos prétendus ſages. La blanche co-
lombe

Iombe va fuivant pas à pas fon bien-aimé, & prend chaffe elle même auffi-tôt qu'il fe retourne. Refte-t-il dans l'inaction ? De légers coups de bec le réveillent ; s'il fe retire, on le pourfuit ; s'il fe défend , un petit vol de fix pas l'attire encore ; l'innocence de la Nature ménage les agaceries & la molle réfiftance, avec un art qu'auroit à peine la plus habile coquete. Non, la folâtre Galatée ne faifoit pas mieux, & Virgile eut pu tirer d'un colombier l'une de fes plus charmantes images.

QUAND on pourroit nier qu'un fentiment particulier de pudeur fût naturel aux femmes, en feroit-il moins vrai que, dans la Société, leur partage doit être une vie domeftique & retirée , & qu'on doit les élever dans des principes qui s'y rapportent ? Si la timidité, la pudeur, la modeftie qui leur font propres font des inventions fociales, il importe à la Société que les femmes acquierent ces qualités ; il importe de les cultiver en elles , & toute femme qui les dédaigne offenfe les bonnes mœurs. Y a-t-il au monde un fpectacle

auffi

auſſi touchant, auſſi reſpectable que celui d'u-
ne mere de famille entourée de ſes enfans,
réglant les travaux de ſes domeſtiques, pro-
curant à ſon mari une vie heureuſe, & gou-
vernant ſagement la maiſon ? C'eſt là qu'elle
ſe montre dans toute la dignité d'une honnête femme ; c'eſt là qu'elle impoſe vraiment
du reſpect, & que la beauté partage avec
honneur les hommages rendus à la vertu.
Une maiſon dont la maîtreſſe eſt abſente eſt
un corps ſans ame qui bientôt tombe en corruption ; une femme hors de ſa maiſon perd
ſon plus grand luſtre, & dépouillée de ſes
vrais ornemens, elle ſe montre avec indécence. Si elle a un mari, que cherche-t-elle
parmi les hommes? Si elle n'en a pas, comment s'expoſe-t-elle à rebuter, par un maintien
peu modeſte, celui qui ſeroit tenté de le devenir? Quoiqu'elle puiſſe faire, on ſent qu'elle n'eſt pas à ſa place en public, & ſa beauté même, qui plait ſans intéreſſer, n'eſt qu'un
tort de plus que le cœur lui reproche. Que
cette impreſſion nous vienne de la nature ou
de l'éducation, elle eſt commune à tous les

L

peu-

peuples du monde; par-tout, on confidere les femmes à proportion de leur modeftie; par-tout on eft convaincu qu'en négligeant les manieres de leur fexe, elles en négligent les devoirs; par-tout on voit qu'alors tournant en effronterie la mâle & ferme affurance de l'homme, elles s'aviliffent par cette odieufe imitation, & déshonorent à la fois leur fexe & le nôtre.

JE fais qu'il regne en quelques pays des coutumes contraires; mais voyez auffi quelles mœurs elles ont fait naître! Je ne voudrois pas d'autre exemple pour confirmer mes maximes. Appliquons aux mœurs des femmes ce que j'ai dit ci-devant de l'honneur qu'on leur porte. Chés tous les anciens peuples policés elles vivoient très renfermées; elles fe montroient rarement en public; jamais avec des hommes, elles ne fe promenoient point avec eux; elles n'avoient point la meilleure place au Spectacle, elles ne s'y mettoient point en montre (y); il ne leur étoit

pas

____

(y) Au Théatre d'Athenes, les femmes occu-
poient

pas même permis d'affifter à tous, & l'on fait qu'il y avoit peine de mort contre celles qui s'oferoient montrer aux Jeux Olympiques.

Dans la maifon, elles avoient un apparte-ment particulier où les hommes n'entroient point. Quand leurs maris donnoient à man-ger, elles fe préfentoient rarement à table; les honnêtes femmes en fortoient avant la fin du repas, & les autres n'y paroiffoient point au commencement. Il n'y avoit aucune af-femblée commune pour les deux fexes; ils ne paffoient point la journée enfemble. Ce foin de ne pas fe raffafier les uns des autres fai-foit qu'on s'en revoyoit avec plus de plaifir; il eft fûr qu'en général la paix domeftique étoit mieux affermie, & qu'il régnoit plus d'union entre les époux (z) qu'il n'en regne aujourd'hui.

Tels

poient une Galerie haute appellée *Cercis*, peu com-mode pour voir & pour être vues; mais il paroit par l'avanture de Valerie & de Sylla, qu'au Cir-que de Rome, elles étoient mêlées avec les hom-mes.

(z) On en pourroit attribuer la caufe à la fa-

ci-

Tels étoient les ufages des Perfes, des Grecs, des Romains, & même des Egyptiens, malgré les mauvaifes plaifanteries d'Hérodote qui fe réfutent d'elles-mêmes. Si quelquefois les femmes fortoient des bornes de cette modeftie, le cri public montroit que c'étoit une exception. Que n'a-t-on pas dit de la liberté du Sexe à Sparte? On peut comprendre auffi par la *Lififtrata* d'Ariftophane, combien l'impudence des Athéniennes étoit chóquante aux yeux des Grecs; & dans Rome déja corrompue, avec quel fcandale ne vit-on point encore les Dames Romaines fe préfenter au Tribunal des Triumvirs?

Tout eft changé. Depuis que des foules de barbares, traînant avec eux leurs femmes dans leurs armées, eurent inondé l'Europe; la licence des camps, jointe à la froideur naturelle des climats feptentrionaux, qui rend la réferve moins néceffaire, introduifit

une

cilité du divorce; mais les Grecs en faifoient peu d'ufage, & Rome fubfifta cinq cens ans avant que perfonne s'y prévalût de la loi qui le permettoit.

une autre maniere de vivre que favoriſerent les livres de chevalerie, où les belles Dames paſſoient leur vie à ſe faire enlever par des hommes, en tout bien & en tout honneur. Comme ces livres étoient les écoles de galanterie du tems, les idées de liberté qu'ils inſpirent s'introduiſirent, ſur-tout dans les Cours & les grandes villes, où l'on ſe pique davantage de politeſſe; par le progrès même de cette politeſſe, elle dut enfin dégénerer en groſſiereté. C'eſt ainſi que la modeſtie naturelle au ſexe eſt peu-à-peu diſparue, & que les mœurs des vivandieres ſe ſont tranſmiſes aux femmes de qualité.

MAIS voulez-vous ſavoir combien ces uſages, contraires aux idées naturelles, ſont choquans pour qui n'en a pas l'habitude? Jugez en par la ſurpriſe & l'embarras des Etrangers & Provinciaux à l'aſpect de ces manieres ſi nouvelles pour eux. Cet embarras fait l'éloge des femmes de leurs pays, & il eſt à croire que celles qui le cauſent en ſeroient moins fieres, ſi la ſource leur en étoit mieux connue. Ce n'eſt point qu'elles en impoſent,

L 3

c'eſt

c'eſt plutôt qu'elles font rougir, & que la pudeur chaſſée par la femme de ſes diſcours & de ſon maintien, ſe réfugie dans le cœur de l'homme.

REVENANT maintenant à nos Comédiennes, je demande, comment un état dont l'unique objet eſt de ſe montrer au public, & qui pis eſt, de ſe montrer pour de l'argent, conviendroit à d'honnêtes femmes, & pourroit compatir en elles avec la modeſtie & les bonnes mœurs? A-t-on beſoin même de diſputer ſur les différences morales des ſexes, pour ſentir combien il eſt difficile que celle qui ſe met à prix en repréſentation ne s'y mette bientôt en perſonne, & ne ſe laiſſe jamais tenter de ſatisfaire des deſirs qu'elle prend tant de ſoin d'exciter? Quoi! malgré mille timides précautions, une femme honnête & ſage, expoſée au moindre danger, a bien de la peine encore à ſe conſerver un cœur à l'épreuve; & ces jeunes perſonnes audacieuſes, ſans autre éducation qu'un ſiſtême de coquetterie & des rôles amoureux, dans une parure très peu modeſte te (a), sans cesse entourées d'une jeunesse ardente & téméraire, au milieu des douces voix de l'amour & du plaisir, résisteront, à leur âge, à leur cœur, aux objets qui les environnent, aux discours qu'on leur tient, aux occasions toujours renaissantes, & à l'or auquel elles font d'avance à demi vendues! Il faudroit nous croire une simplicité d'enfant pour vouloir nous en imposer à ce point. Le vice a beau se cacher dans l'obscurité, son empreinte est sur les fronts coupables; l'audace d'une femme est le signe assuré de sa honte; c'est pour avoir trop à rougir qu'elle ne rougit plus; & si quelquefois la pudeur survit à la chasteté, que doit-on penser de la chasteté, quand la pudeur même est éteinte?

Supposons, si l'on veut, qu'il y ait eu quelques exceptions; supposons

Qu'il en soit jusqu'à trois que l'on pourroit nommer.

Je veux bien croire là-dessus ce que je n'ai jamais

(a) Que fera-ce en leur supposant la beauté qu'on a raison d'exiger d'elles? Voyez les Entretiens sur *le fils naturel*, p. 183.

L 4

jamais ni vu ni oui dire. Appellerons-nous un métier honnête celui qui fait d'une honnête femme un prodige, & qui nous porte à méprifer celles qui l'exercent, à moins de compter fur un miracle continuel ? L'immodeftie tient fi bien à leur état, & elles le fentent fi bien elles-mêmes, qu'il n'y en a pas une qui ne fe crût ridicule de feindre au moins de prendre pour elle les difcours de fageffe & d'honneur qu'elle débite au public. De peur que ces maximes féveres ne fiffent un progrès nuifible à fon intérêt, l'Actrice eft toujours la premiere à parodier fon rôle & à détruire fon propre ouvrage. Elle quitte, en atteignant la couliffe, la morale du Théatre auffi bien que fa dignité, & fi l'on prend des leçons de vertu fur la Scene, on les va bien vîte oublier dans les foyers.

Aprés ce que j'ai dit ci-devant, je n'ai pas befoin, je crois, d'expliquer encore comment le défordre des Actrices entraîne celui des Acteurs; fur-tout dans un métier qui les force à vivre entr'eux dans la plus grande familiarité. Je n'ai pas befoin de montrer com-

comment d'un état déshonorant naiſſent des ſentimens déshonnêtes, ni comment les vices diviſent ceux que l'intérêt commun devroit réunir. Je ne m'étendrai pas ſur mille ſujets de diſcorde & de querelles, que la diſtribution des rôles, le partage de la recette, le choix des Pieces, la jalouſie des applaudiſſemens doivent exciter ſans ceſſe, principalement entre les Actrices, ſans parler des intrigues de galanterie. Il eſt plus inutile encore que j'expoſe les effets que l'aſſociation du luxe & de la miſere, inévitable entre ces gens-là, doit naturellement produire. J'en ai déja trop dit pour vous & pour les hommes raiſonnables ; je n'en dirois jamais aſſés pour les gens prévenus qui ne veulent pas voir ce que la raiſon leur montre, mais ſeulement ce qui convient à leurs paſſions ou à leurs préjugés.

Si tout cela tient à la profeſſion du Comédien, que ferons-nous, Monſieur, pour prévenir des effets inévitables? Pour moi, je ne vois qu'un ſeul moyen; c'eſt d'ôter la cauſe. Quand les maux de l'homme lui viennent

de

de fa nature ou d'une maniere de vivre qu'il
ne peut changer, les Médecins les prévien-
nent-ils ? Défendre au Comédien d'être vicieux, c'eft défendre à l'homme d'être malade.

S'ensuit-il delà qu'il faille méprifer
tous les Comédiens ? Il s'enfuit, au contraire, qu'un Comédien qui a de la modeftie,
des mœurs, de l'honnêteté eft, comme vous
l'avez très bien dit, doublement eftimable:
puifqu'il montre par là que l'amour de la
vertu l'emporte en lui fur les paffions de
l'homme, & fur l'afcendant de fa profeffion.
Le feul tort qu'on lui peut imputer eft de l'a-
voir embraffée ; mais trop fouvent un écart
de jeuneffe décide du fort de la vie, &
quand on fe fent un vrai talent, qui peut réfifter à fon attrait ? Les grand Acteurs portent avec eux leur excufe ; ce font les mauvais qu'il faut méprifer.

Si j'ai refté fi long-tems dans les termes
de la propofition générale, ce n'eft pas que
je n'euffe eu plus d'avantage encore à l'appliquer précifément à la Ville de Geneve;
                                    mais

mais la répugnance de mettre mes Concitoyens fur la Scene m'a fait différer autant que je l'ai pu de parler de nous. Il y faut pourtant venir à la fin , & je n'aurois rempli qu'imparfaitement ma tâche , fi je ne cherchois, fur nôtre fituation particuliere, ce qui réfultera de l'établiffement d'un Théatre dans nôtre ville , au cas que votre avis & vos raifons déterminent le gouvernement à l'y fouffrir. Je me bornerai à des effets fi fenfibles qu'ils ne puiffent être conteftés de perfonne qui connoiffe un peu notre conftitution.

GENEVE eft riche , il eft vrai ; mais, quoiqu'on n'y voie point ces énormes difproportions de fortune qui appauvriffent tout un pays pour enrichir quelques habitans & fement la mifere autour de l'opulence , il eft certain que, fi quelques Genevois poffedent d'affés grands biens, plufieurs vivent dans une difette affés dure , & que l'aifance du plus grand nombre vient d'un travail affidu , d'économie & de modération , plutôt que d'une richeffe pofitive. Il y a bien des villes plus

pau-

pauvres que la nôtre où le bourgeois peut donner beaucoup plus à ſes plaiſirs, parce que le territoire qui le nourrit ne s'épuiſe pas, & que ſon tems n'étant d'aucun prix, il peut le perdre ſans préjudice. Il n'en va pas ainſi parmi nous, qui, ſans terres pour ſubſiſter, n'avons tous que notre induſtrie. Le peuple Genevois ne ſe ſoutient qu'à force de travail, & n'a le néceſſaire qu'autant qu'il ſe refuſe tout ſuperflu : c'eſt une des raiſons de nos loix ſomptuaires. Il me ſemble que ce qui doit d'abord frapper tout Etranger entrant dans Geneve, c'eſt l'air de vie & d'activité qu'il y voit régner. Tout s'occupe, tout eſt en mouvement, tout s'empreſſe à ſon travail & à ſes affaires. Je ne crois pas que nulle autre auſſi petite ville au monde offre un pareil ſpectacle. Viſitez le faux-bourg St. Gervais : toute l'horlogerie de l'Europe y paroit raſſemblée. Parcourez le Molard & les rues baſſes, un appareil de commerce en grand, des monceaux de ballots, de tonneaux confuſément jettés, une odeur d'Inde & de droguerie vous font imaginer un port de mer.

mer. Aux Pâquis, aux Eaux-vives, le bruit & l'afpect des fabriques d'indienne & de toile peinte femblent vous tranfporter à Zurich. La ville fe multiplie en quelque forte par les travaux qui s'y font, & j'ai vu des gens, fur ce premier coup d'œil, en eftimer le peuple à cent mille ames. Les bras, l'emploi du tems, la vigilance, l'auftere parcimonie; voila les tréfors du Genevois, voila avec quoi nous attendons un amufement de gens oififs, qui, nous ôtant à la fois le tems & l'argent, doublera réellement notre perte.

GENEVE ne contient pas vingt-quatre mille ames, vous en convenez. Je vois que Lyon bien plus riche à proportion, & du moins cinq ou fix fois plus peuplé entretient exactement un Théatre, & que, quand ce Théatre eft un Opera, la ville n'y fauroit fuffire. Je vois que Paris, la Capitale de la France & le gouffre des richeffes de ce grand Royaume, en entretient trois affés médiocrement, & un quatrieme en certains tems de l'année. Suppofons ce quatrieme

me (b) permanent. Je vois que, dans plus de six cens mille habitans, ce rendez-vous de l'opulence & de l'oisiveté fournit à peine journellement au Spectacle mille ou douze cens Spectateurs, tout compensé. Dans le reste du Royaume, je vois Bordeaux, Rouen, grands ports de mer ; je vois l'Ille, Strasbourg, grandes villes de guerre, pleines d'Officiers oisifs qui passent leur vie à attendre qu'il soit midi & huit heures, avoir un Théatre de Comédie : encore faut-il des taxes involontaires pour le soutenir. Mais combien d'autres villes incomparablement plus grandes que la nôtre, combien de siéges de Parlemens & de Cours souveraines ne peuvent entretenir une Comédie à demeure ?

POUR

(b) Si je ne compte point le Concert Spirituel, c'est qu'au lieu d'être un Spectacle ajouté aux autres, il n'en est que le supplément. Je ne compte pas, non plus, les petits Spectacles de la Foire ; mais aussi je la compte toute l'année, au lieu qu'elle ne dure pas six mois. En recherchant, par comparaison, s'il est possible qu'une troupe subsiste à Geneve, je suppose par-tout des rapports plus favorables à l'affirmative, que ne le donnent les faits connus.

Pour juger si nous sommes en état de mieux faire, prenons un terme de comparaison bien connu, tel, par exemple, que la ville de Paris. Je dis donc que, si plus de six cent mille habitans ne fournissent journellement & l'un dans l'autre aux Théatres de Paris que douze cens Spectateurs, moins de vingt quatre mille habitans n'en fourniront certainement pas plus de quarante huit à Geneve. Encore faut-il déduire les *gratis* de ce nombre, & supposer qu'il n'y a pas proportionnellement moins de désœuvrés à Geneve qu'à Paris; supposition qui me paroît insoutenable.

Or si les Comédiens François, pensionnés du Roi, & propriétaires de leur Théatre, ont bien de la peine à se soutenir à Paris avec une assemblée de trois cens Spectateurs par représentation (c), je demande comment

les

(c) Ceux qui ne vont aux Spectacles que les beaux jours où l'assemblée est nombreuse, trouveront cette estimation trop foible; mais ceux qui pendant dix ans les auront suivis, comme moi,

bons

les Comédiens de Geneve se soutiendront avec une assemblée de quarante huit Spectateurs pour toute ressource ? Vous me direz qu'on vit à meilleur compte à Geneve qu'à Paris. Oui, mais les billets d'entrée coûteront aussi moins à proportion ; & puis, la dépense de la table n'est rien pour des Comédiens. Ce sont les habits, c'est la parure qui leur coûte ; il faudra faire venir tout cela de Paris, ou dresser des Ouvriers mal adroits. C'est dans les lieux où toutes ces choses sont communes qu'on les fait à meilleur marché. Vous direz encore qu'on les assujétira à nos loix somptuaires. Mais c'est en vain qu'on voudroit porter la réforme sur le Théatre; jamais Cléopatre & Xercès ne goûteront notre simplicité. L'état des Comédiens étant de paroître, c'est leur ôter le goût de leur métier de les en empêcher, & je doute que jamais bon Acteur consente à se faire Quakre. Enfin, l'on peut m'objecter que la Troupe

de

bons & mauvais jours, la trouveront surement trop forte.

de Geneve, étant bien moins nombreuſe que celle de Paris, pourra ſubſiſter à bien moindres fraix. D'accord : mais cette différence ſera-t-elle en raiſon de celle de 48 à 300? Ajoutez qu'une Troupe plus nombreuſe a auſſi l'avantage de pouvoir jouer plus ſouvent, au-lieu que dans une petite Troupe où les doubles manquent, tous ne ſauroient jouer tous les jours; la maladie, l'abſence d'un ſeul Comédien fait manquer une repréſentation, & c'eſt autant de perdu pour la recette.

Le Genevois aime exceſſivement la campagne : on en peut juger par la quantité de maiſons répandues autour de la ville. L'attrait de la chaſſe & la beauté des environs entretiennent ce goût ſalutaire. Les portes, fermées avant la nuit, ôtant la liberté de la promenade au dehors & les maiſons de campagne étant ſi près, fort peu de gens aiſés couchent en ville durant l'été. Chacun ayant paſſé la journée à ſes affaires, part le ſoir à portes fermantes, & va dans ſa petite retraite reſpirer l'air le plus pur, & jouir du plus charmant payſage qui ſoit ſous le Ciel. Il y a même beaucoup de Citoyens & Bourgeois qui y réfident toute l'année, & n'ont point d'habitation dans Geneve. Tout cela eft autant de perdu pour la Comédie, & pendant toute la belle faifon il ne reftera prefque pour l'entretenir, que des gens qui n'y vont jamais. A Paris, c'eft toute autre chofe : on allie fort bien la Comédie avec la campagne; & tout l'été l'on ne voit à l'heure où finiffent les Spectacles, que carroffes fortir des portes. Quant aux gens qui couchent en ville, la liberté d'en fortir à toute heure les tente moins que les incommodités qui l'accompagnent ne les rebutent. On s'ennuie fi-tôt des promenades publiques, il faut aller chercher fi loin la campagne, l'air en eft fi empefté d'immondices & la vue fi peu attrayante, qu'on aime mieux aller s'enfermer au Spectacle. Voila donc encore une différence au défavantage de nos Comédiens & une moitié de l'année perdue pour eux. Penfez-vous, Monfieur, qu'ils trouveront aifément fur le refte à remplir un fi grand vuide? Pour moi je ne vois aucun autre remede à cela que de

chan-

changer l'heure où l'on ferme les portes, d'immoler notre sureté à nos plaisirs, & de laisser une Place-Forte ouverte pendant la nuit (d), au milieu de trois Puissances dont la plus éloignée n'a pas demi-lieue à faire pour arriver à nos glacis.

Ce n'est pas tout : il est impossible qu'un établissement si contraire à nos anciennes maximes soit généralement applaudi. Combien de généreux Citoyens verront avec indignation ce monument du luxe & de la molesse s'élever sur les ruines de notre antique simplicité, & menacer de loin la liberté publique ? Pensez-vous qu'ils iront autoriser cette inno-

(d) Je sais que toutes nos grandes fortifications font la chose du monde la plus inutile, & que, quand nous aurions assés de troupes pour les défendre, cela seroit fort inutile encore : car surement on ne viendra pas nous assiéger. Mais pour n'avoir point de siége à craindre, nous n'en devons pas moins veiller à nous garantir de toute surprise : rien n'est si facile que d'assembler des gens de guerre à notre voisinage. Nous avons trop appris l'usage qu'on en peut faire, & nous devons songer que les plus mauvais droits hors d'une place, se trouvent excellens quand on est dedans.

innovation de leur préfence, après l'avoir hautement improuvée? Soyez fûr que plufieurs vont fans fcrupule au Spectacle à Paris, qui n'y mettront jamais les pieds à Geneve: parce que le bien de la patrie leur eft plus cher que leur amufement. Où fera l'imprudente mere qui ofera mener fa fille à cette dangereufe école, & combien de femmes refpectables croiroient fe déshonorer en y allant elles-mêmes? Si quelques perfonnes s'abftiennent à Paris d'aller au Spectacle, c'eft uniquement par un principe de Religion qui furement ne fera pas moins fort parmi nous, & nous aurons de plus les motifs de mœurs, de vertu, de patriotifme qui retiendront encore ceux que la Religion ne retiendroit pas (e).

J'AI

(e) Je n'entens point par là qu'on puiffe être vertueux fans Religion ; j'eus long-tems cette opinion trompeufe, dont je fuis trop défabufé. Mais j'entens qu'un Croyant peut s'abftenir quelquefois, par des motifs de vertus purement fociales, de certaines actions indifférentes par elles-mêmes & qui n'intéreffent point immédiatement la confcience, comme eft celle d'aller aux Spectacles, dans un lieu où il n'eft pas bon qu'on les fouffre.

J'ai fait voir qu'il eſt abſolument impoſſible qu'un Théatre de Comédie ſe ſoutienne à Geneve par le ſeul concours des Spectateurs. Il faudroit donc de deux choſes l'une ; ou que les riches ſe cotiſent pour le ſoutenir, charge onéreuſe qu'aſſurément ils ne ſeront pas d'humeur à ſupporter long-tems; ou que l'Etat s'en mêle & le ſoutienne à ſes propres fraix. Mais comment le ſoutiendra-t-il ? Sera-ce en retranchant, ſur les dépenſes néceſſaires auxquelles ſuffit à peine ſon modique revenu, de quoi pourvoir à celle-là? Ou bien deſtinera-t-il à cet uſage important les ſommes que l'économie & l'intégrité de l'adminiſtration permet quelquefois de mettre en réſerve pour les plus preſſans beſoins ? Faudra-t-il réformer notre petite garniſon & garder nous-mêmes nos portes ? Faudra-t-il réduire les foibles honoraires de nos Magiſtrats, ou nous ôterons-nous pour cela toute reſſource au moindre accident imprévu ? Au défaut de ces expédiens, je n'en vois plus qu'un qui ſoit praticable, c'eſt la voie des taxes & impoſitions, c'eſt d'aſſembler nos Citoyens &

M 3

Bour-

Bourgeois en conseil général dans le temple de St Pierre, & là de leur proposer gravement d'accorder un impôt pour l'établissement de la Comédie. A Dieu ne plaise que je croie nos sages & dignes Magistrats capables de faire jamais une proposition semblable ; & sur votre propre Article, on peut juger assés comment elle seroit reçue.

Si nous avions le malheur de trouver quelque expédient propre à lever ces difficultés, ce seroit tant pis pour nous : car cela ne pourroit se faire qu'à la faveur de quelque vice secret qui, nous affoiblissant encore dans notre petitesse, nous perdroit enfin tôt ou tard. Supposons pourtant, qu'un beau zele du Théatre nous fît faire un pareil miracle; supposons les Comédiens bien établis dans Geneve, bien contenus par nos loix, la Comédie florissante & fréquentée; supposons enfin notre ville dans l'état où vous dites qu'ayant des mœurs & des Spectacles, elle réuniroit les avantages des uns & des autres: avantages au-reste qui me semblent peu compatibles, car celui des Spectacles n'étant

que

que de fuppléer aux mœurs eft nul par-tout
où les mœurs exiftent.

Le premier effet fenfible de cet établiffement fera, comme je l'ai déja dit, une révolution dans nos ufages, qui en produira né-
ceffairemenr une dans nos mœurs. Cette révolution fera-t-elle bonne ou mauvaife? C'eft
ce qu'il eft tems-d'examiner.

Il n'y a point d'Etat bien conftitué où
l'on ne trouve des ufages qui tiennent à la
forme du gouvernement & fervent à la maintenir. Tel étoit, par exemple, autrefois à
Londres celui des coteries, fi mal à propos
tournées en dérifion par les Auteurs du Spectateur; à ces coteries, ainfi devenues ridicules, ont fuccédé les caffés & les mauvais
lieux. Je doute que le Peuple Anglois ait
beaucoup gagné au change. Des coteries
femblables font maintenant établies à Geneve
fous le nom de *cercles*, & j'ai lieu, Monfieur, de juger par votre Article que vous
n'avez point obfervé fans eftime le ton de
fens & de raifon qu'elles y font régner. Cet
ufage eft ancien parmi nous, quoique fon

nom

nom ne le foit pas. Les coteries exiftoient dans mon enfance fous le nom de *fociétés*; mais la forme en étoit moins bonne & moins réguliere. L'exercice des armes qui nous raffemble tous les printems, les divers prix qu'on tire une partie de l'année, les fêtes militaires que ces prix occafionnent, le goût de la chaffe commun à tous les Genevois, réuniffant fréquemment les hommes, leur donnoient occafion de former entr'eux des fociétés de table, des parties de campagne, & enfin des liaifons d'amitié; mais ces affemblées n'ayant pour objet que le plaifir & la joie ne fe formoient gueres qu'au cabaret. Nos difcordes civiles, où la néceffité des affaires obligeoit de s'affembler plus fouvent & de délibérer de fang-froid, firent changer ces fociétés tumultueufes en des rendez-vous plus honnêtes. Ces rendez-vous prirent le nom de cercles, & d'une fort trifte caufe font fortis de très bons effets (f).

C E s cercles font des fociétés de douze ou

quinze

(f) Je parlerai ci-après des inconvéniens.

quinze perfonnes qui louent un appartement commode qu'on pourvoit à fraix communs de meubles & de provifions néceffaires. C'eft dans cet appartement que fe rendent tous les après-midi ceux des affociés que leurs affaires ou leurs plaifirs ne retiennent point ailleurs. On s'y raffemble, & là, chacun fe livrant fans gêne aux amufemens de fon goût, on joue, on caufe, on lit, on boit, on fume. Quelquefois on y foupe, mais rarement: parce que le Genevois eft rangé & fe plaît à vivre avec fa famille. Souvent auffi l'on va fe promener enfemble, & les amufemens qu'on fe donne font des exercices propres à rendre & maintenir le corps robufte. Les femmes & les filles, de leur côté, fe raffemblent par fociétés, tantôt chez l'une, tantôt chez l'autre. L'objet de cette réunion eft un petit jeu de commerce, un goûter, &, comme on peut bien croire, un intariffable babil. Les hommes, fans être fort féverement exclus de ces fociétés, s'y mêlent affés rarement; & je penferois plus mal encore de ceux qu'on y voit toujours que de ceux qu'on n'y voit jamais

M 5

Tels

TELS font les amufemens journaliers de la bourgeoifie de Geneve. Sans être dépourvus de plaifir & de gaieté, ces amufemens ont quelque chofe de fimple & d'innocent qui convient à des mœurs républicaines; mais, dès l'inftant qu'il y aura Comédie, adieu les cercles, adieu les fociétés ! Voila la révolution que j'ai prédite, tout cela tombe nécesfairement; & fi vous m'objectez l'exemple de Londres cité par moi-même, où les Spectacles établis n'empêchoient point les coteries, je répondrai qu'il y a, par rapport à nous, une différence extrême: c'eft qu'un Théatre, qui n'eft qu'un point dans cette ville immenfe, fera dans la nôtre un grand objet qui abforbera tout.

SI vous me demandez enfuite où eft le mal que les cercles foient abolis...... Non, Monfieur, cette queftion ne viendra pas d'un Philofophe. C'eft un difcours de femmes ou de jeune-homme qui traitera nos cercles de corps-de-garde, & croira fentir l'odeur du tabac. Il faut pourtant répondre : car pour cette fois, quoique je m'addreffe à vous, j'écris

cris pour le peuple & sans doute il y paroît; mais vous m'y avez forcé.

Je dis premierement que, si c'est une
mauvaise chose que l'odeur du tabac, c'en est
une fort bonne de rester maître de son bien,
& d'être sûr de coucher chez soi. Mais
j'oublie déja que je n'écris pas pour des d'A-
lembert. Il faut m'expliquer d'une autre maniere.

Suivons les indications de la Nature,
consultons le bien de la Société ; nous trou-
verons que les deux sexes doivent se rassembler quelquefois, & vivre ordinairement séparés. Je l'ai dit tantôt par rapport aux femmes, je le dis maintenant par rapport aux
hommes. Ils se sentent autant & plus qu'elles de leur trop intime commerce ; elles n'y
perdent que leurs mœurs, & nous y perdons
à la fois nos mœurs & notre constitution:
car ce sexe plus foible, hors d'état de prendre notre maniere de vivre trop pénible pour
lui, nous force de prendre la sienne trop
molle pour nous, & ne voulant plus souffrir
de séparation, faute de pouvoir se rendre
hom-

hommes, les femmes nous rendent femmes.

CET inconvénient qui dégrade l'homme, est très grand par-tout ; mais c'est sur-tout dans les Etats comme le nôtre qu'il importe de le prévenir. Qu'un Monarque gouverne des hommes ou des femmes, cela lui doit être assés indifférent pourvu qu'il soit obéi ; mais dans une République, il faut des hommes (g).

LES Anciens passoient presque leur vie en plein air , ou vacquant à leurs affaires , ou réglant celles de l'Etat sur la place publique, ou se promenant à la campagne , dans des jardins, au bord de la mer , à la pluie , au soleil,

(g) On me dira qu'il en faut aux Rois pour la guerre. Point du tout. Au-lieu de trente mille hommes, ils n'ont, par exemple, qu'à lever cent mille femmes. Les femmes ne manquent pas de courage : elles préferent l'honneur à la vie; quand elles se battent, elles se battent bien. L'inconvénient de leur sexe est de ne pouvoir supporter les fatigues de la guerre & l'intempérie des saisons. Le secret est donc d'en avoir toujours le triple de ce qu'il en faut pour se battre, afin de sacrifier les deux autres tiers aux maladies & à la mortalité.

foleil, & prefque toujours tête nue (h). A tout cela, point de femmes ; mais on favoit bien les trouver au befoin, & nous ne voyons point par leurs écrits & par les échantillons de leurs converfations qui nous reftent, que l'efprit, ni le goût, ni l'amour même, perdiffent rien à cette réferve. Pour nous, nous avons pris des manieres toutes contraires : lâchement dévoués aux volontés du fexe que nous devrions protéger & non fervir, nous avons appris à le méprifer en lui obéiffant, à l'outrager par nos foins railleurs ; & chaque femme de Paris raffemble dans fon appartement un ferrail d'hommes plus femmes qu'elle, qui favent rendre à la beauté toutes fortes d'hommages, hors celui du cœur dont elle eft digne. Mais voyez

ces

(h) Après la bataille gagnée par Cambife fur Pfammetique, on diftinguoit parmi les morts les Egyptiens qui avoient toujours la tête nue, à l'extrême dureté de leurs crânes: au-lieu que les Perfes ; toujours coëffés de leurs groffes thiares, avoient les crânes fi tendres qu'on les brifoit fans effort. Hérodote lui-même fut, long-tems après, témoin de cette différence.

ces mêmes hommes toujours contraints dans ces prisons volontaires, se lever, se rasseoir, aller & venir sans cesse à la cheminée, à la fenêtre, prendre & poser cent fois un écran, feuilleter des livres, parcourir des tableaux, tourner, pirouetter par la chambre, tandis que l'idole étendue sans mouvement dans sa chaise longue, n'a d'actif que la langue & les yeux. D'où vient cette différence, si ce n'est que la Nature qui impose aux femmes cette vie sédentaire & casaniere, en prescrit aux hommes une toute opposée, & que cette inquiétude indique en eux un vrai besoin? Si les Orientaux que la chaleur du climat fait assés transpirer, font peu d'exercice & ne se promenent point, au-moins ils vont s'asseoir en plein air & respirer à leur aise; au-lieu qu'ici les femmes ont grand soin d'étouffer leurs amis dans de bonnes chambres bien fermées.

Si l'on compare la force des hommes anciens à celle des hommes d'aujourd'hui, on n'y trouve aucune espece d'égalité. Nos exercices de l'Académie font des jeux d'enfans

auprès

auprès de ceux de l'ancienne Gymnastique: on a quitté la paume, comme trop fatigante; on ne peut plus voyager à cheval. Je ne dis rien de nos troupes. On ne conçoit plus les marches des Armées Grecques & Romaines : le chemin, le travail, le fardeau du Soldat Romain fatigue seulement à le lire, & accable l'imagination. Le cheval n'étoit pas permis aux Officiers d'infanterie. Souvent les Généraux faisoient à pied les mêmes journées que leurs Troupes. Jamais les deux Catons n'ont autrement voyagé, ni seuls, ni avec leurs armées. Othon lui-même, l'efféminé Othon, marchoit armé de fer à la tête de la sienne, allant au devant de Vitellius. Qu'on trouve à présent un seul homme de guerre capable d'en faire autant. Nous sommes déchus en tout. Nos Peintres & nos Sculpteurs se plaignent de ne plus trouver de modeles comparables à ceux de l'antique. Pourquoi cela? L'homme a-t-il dégénéré? L'espece a-t-elle une décrépitude physique, ainsi que l'individu? Au - contraire : les Barbares du nord qui ont, pour ainsi dire, peuplé l'Europe

d'une

d'une nouvelle race, étoient plus grands & plus forts que les Romains qu'ils ont vaincus & fubjugués. Nous devrions donc être plus forts nous-mêmes qui, pour la plûpart, defcendons de ces nouveaux venus; mais les premiers Romains vivoient en hommes (i), & trouvoient dans leurs continuels exercices la vigueur que la Nature leur avoit refufée; au-lieu que nous perdons la nôtre dans la vie indolente & lâche où nous réduit la dépendance du Sexe. Si les Barbares dont je viens de parler vivoient avec les femmes, ils ne vivoient pas pour cela comme elles; c'étoient elles qui avoient le courage de vivre comme eux, ainfi que faifoient auffi celles de Sparte. La femme fe rendoit robufte, & l'homme ne s'énervoit pas.

Si

(i) Les Romains étoient les hommes les plus petits & les plus foibles de tous les peuples de l'Italie; & cette différence étoit fi grande, dit Tite Live, qu'elle s'appercevoit au premier coup d'œil dans les troupes des uns & des autres. Cependant l'exercice & la difcipline prévalurent tellement fur la Nature, que les foibles firent ce que ne pouvoient faire les forts, & les vainquirent.

Si ce soin de contrarier la Nature est nuisible au corps, il l'est encore plus à l'esprit. Imaginez quelle peut être la trempe de l'ame d'un homme uniquement occupé de l'importante affaire d'amuser les femmes, & qui passe sa vie entiere à faire pour elles, ce qu'elles devroient faire pour nous, quand épuisés de travaux dont elles sont incapables, nos esprits ont besoin de délassement. Livrés à ces puériles habitudes à quoi pourrions-nous jamais nous élever de grand ? Nos talens, nos écrits se sentent de nos frivoles occupations (k): agréables, si l'on veut, mais petits

(k) Les femmes, en général, n'aiment aucun art, ne se connoissent à aucun, & n'ont aucun génie. Elles peuvent réussir aux petits ouvrages qui ne demandent que de la légereté d'esprit, du goût, de la grace, quelquefois même de la philosophie, & du raisonnement. Elles peuvent acquérir de la science, de l'érudition, des talens, & tout ce qui s'acquiert à force de travail. Mais ce feu céleste qui échauffe & embrase l'ame, ce génie qui consume & dévore, cette brulante éloquence, ces transports sublimes qui portent leurs ravissemens jusqu'au fond des cœurs, manqueront toujours aux écrits des femmes: ils sont tous

froids

tits & froids comme nos fentimens, ils ont pour tout mérite ce tour facile qu'on n'a pas grand' peine à donner à des riens. Ces foules d'ouvrages éphémeres qui naiffent journellement n'étant faits que pour amufer des femmes, & n'ayant ni force ni profondeur, volent tous de la toilette au comptoir. C'eft le moyen de récrire inceffamment les mêmes, & de les rendre toujours nouveaux. On m'en citera deux ou trois qui ferviront d'exceptions; mais moi j'en citerai cent mille qui confirmeront la regle. C'eft pour cela que la plupart des productions de notre âge pafferont avec lui, & la poftérité croira qu'on fit bien peu de livres, dans ce même fiecle où l'on en fait tant.

Il

froids & jolis comme elles; ils auront tant d'efprit que vous voudrez, jamais d'ame; ils feroient cent fois plutôt fenfés que paffionnés. Elles ne favent ni décrire ni fentir l'amour même. La feule Sapho, que je fache, & une autre, mériterent d'être exceptées. Je parierois tout au monde que les Lettres Portugaifes ont été écrites par un homme. Or par tout où dominent les femmes, leur goût doit auffi dominer: & voila ce qui détermine celui de notre fiecle.

Il ne feroit pas difficile de montrer qu'au lieu de gagner à ces ufages, les femmes y perdent. On les flatte fans les aimer; on les fert fans les honorer; elles font entourées d'agréables, mais elles n'ont plus d'amans; & le pis eft que les premiers, fans avoir les fentimens des autres, n'en ufurpent pas moins tous les droits. La fociété des deux fexes, devenue trop commune & trop facile, a produit ces deux effets; & c'eft ainfi que l'efprit général de la galanterie étouffe à la fois le génie & l'amour.

Pour moi, j'ai peine à concevoir comment on rend affés peu d'honneur aux femmes, pour leur ofer adreffer fans ceffe ces fades propos galants, ces complimens infultans & moqueurs, auxquels on ne daigne pas même donner un air de bonne foi; les outrager par ces évidens menfonges, n'eft-ce pas leur déclarer affés nettement qu'on ne trouve aucune vérité obligeante à leur dire? Que l'amour fe faffe illufion fur les qualités de ce qu'on aime, cela n'arrive que trop fouvent; mais eft-il queftion d'amour dans tout

ce

ce maussade jargon ? Ceux-mêmes qui s'en servent, ne s'en servent-ils pas également pour toutes les femmes, & ne seroient-ils pas au désespoir qu'on les crût sérieusement amoureux d'une seule ? Qu'ils ne s'en inquiettent pas. Il faudroit avoir d'étranges idées de l'amour pour les en croire capables, & rien n'est plus éloigné de son ton que celui de la galanterie. De la maniere que je conçois cette passion terrible, son trouble, ses égaremens, ses palpitations, ses transports, ses brulantes expressions, son silence plus énergique, ses inexprimables regards que leur timidité rend téméraires & qui montrent les desirs par la crainte, il me semble qu'après un langage aussi véhément, si l'amant venoit à dire une seule fois, *je vous aime*, l'amante indignée lui diroit, *vous ne m'aimez plus*, & ne le reverroit de sa vie.

Nos cercles conservent encore parmi nous quelque image des mœurs antiques. Les hommes entr'eux, dispensés de rabaisser leurs idées à la portée des femmes & d'habiller galamment la raison, peuvent se livrer à des

dif-

difcours graves & férieux fans crainte du ridicule. On ofe parler de patrie & de vertu
fans paffer pour rabâcheur, on ofe être foi-
même fans s'affervir aux maximes d'une cail-
lete. Si le tour de la converfation devient
moins poli, les raifons prennent plus de
poids ; on ne fe paie point de plaifanterie,
ni de gentilleffe. On ne fe tire point d'affaire par de bons mots. On ne fe ménage
point dans la difpute: chacun, fe fentant attaqué de toutes les forces de fon adverfaire,
eft obligé d'employer toutes les fiennes pour
fe défendre ; c'eft ainfi que l'efprit acquiert
de la jufteffe & de la vigueur. S'il fe mêle
à tout cela quelque propos licencieux, il ne
faut point trop s'en effaroucher : les moins
groffiers ne font pas toujours les plus honnêtes, & ce langage un peu ruftaut eft préférable encore à ce ftile plus recherché dans
lequel les deux fexes fe féduifent mutuelle-
ment & fe familiarifent décemment avec le
vice. La maniere de vivre, plus conforme
aux inclinations de l'homme, eft auffi mieux
affortie à fon tempéramment. On ne refte

N 3

point

point toute la journée établi fur une chaife.
On fe livre à des jeux d'exercice, on va,
on vient, plufieurs cercles fe tiennent à la
campagne, d'autres s'y rendent. On a des
jardins pour la promenade, des cours fpatieu-
fes pour s'exercer, un grand lac pour nager,
tout le pays ouvert pour la chaffe; & il ne
faut pas croire que cette chaffe fe faffe auffi
commodément qu'aux environs de Paris où
l'on trouve le gibier fous fes pieds & où
l'on tire à cheval. Enfin ces honnêtes & innocentes inftitutions raffemblent tout ce qui
peut contribuer à former dans les mêmes
hommes des amis, des citoyens, des foldats,
& par conféquent tout ce qui convient le
mieux à un peuple libre.

On accufe d'un défaut les fociétés des
femmes, c'eft de les rendre médifantes & fa-
tyriques; & l'on peut bien comprendre, en
effet, que les anecdotes d'une petite ville
n'échappent pas à ces comités féminins; on
penfe bien auffi que les maris abfens y font
peu ménagés, & que toute femme jolie &
fêtée n'a pas beau jeu dans le cercle de fa
voifi-

voifine. Mais peut-être y a-t-il dans cet inconvénient plus de bien que de mal, & toujours eft-il inconteftablement moindre que ceux dont il tient la place : car lequel vaut le mieux qu'une femme dife avec fes amies du mal de fon mari, ou que, tête-à-tête avec un homme, elle lui en faffe, qu'elle critique le défordre de fa voifine, ou qu'elle l'imite? Quoique les Genevoifes difent affés librement ce qu'elles favent & quelquefois ce qu'elles conjecturent, elles ont une véritable horreur de la calomnie & l'on ne leur entendra jamais intenter contre autrui des accufations qu'elles croient fauffes ; tandis qu'en d'autres pays les femmes, également coupables par leur filence & par leurs difcours, cachent de peur de repréfailles le mal qu'elles favent & publient par vengeance celui qu'elles ont inventé.

Combien de fcandales publics ne retient pas la crainte de ces féveres obfervatrices? Elles font prefque dans notre ville la fonction de Cenfeurs. C'eft ainfi que dans les beaux tems de Rome, les Citoyens, furveil-

N 4

lans

lans les uns des autres, s'accufoient publiquement par zele pour la juftice; mais quand
Rome fut corrompue & qu'il ne refta plus
rien à faire pour les bonnes mœurs que de
cacher les mauvaifes, la haine des vices
qui les démafque en devint un. Aux citoyens zélés fuccéderent des délateurs infames, & au-lieu qu'autrefois les bons accufoient les méchans, ils en furent accufés à
leur tour. Grace au Ciel, nous fommes loin
d'un terme fi funefte. Nous ne fommes
point réduits à nous cacher à nos propres
yeux, de peur de nous faire horreur. Pour
moi, je n'en aurai pas meilleure opinion des
femmes, quand elles feront plus circonfpectes:
on fe ménagera davantage, quand on aura
plus de raifons de fe ménager, & quand chacune aura befoin pour elle-même de la dif-
crétion dont elle donnera l'exemple aux autres.

Qu'on ne s'allarme donc point tant du
caquet des fociétés de femmes. Qu'elles médifent tant qu'elles voudront, pourvu qu'elles
médifent entr'elles. Des femmes véritable-
ment

ment corrompues ne fauroient fupporter long-
tems cette maniere de vivre, & quelque chere que leur pût être la médifance, elles voudroient médire avec des hommes. Quoiqu'on
m'ait pu dire à cet égard, je n'ai jamais vu
aucune de ces fociétés, fans un fecret mouvement d'eftime & de refpect pour celles qui
la compofoient. Telle eft, me difois-je, la
deftination de la Nature, qui donne différens
goûts aux deux fexes, afin qu'ils vivent fépa-
rés & chacun à fa maniere (1). Ces aimables perfonnes paffent ainfi leurs jours, livrées
aux occupations qui leur conviennent, ou à
des amufemens innocens & fimples, très propres à toucher un cœur honnête & à donner bonne opinion d'elles. Je ne fais ce
qu'elles ont dit, mais elles ont vécu enfemble ; elles ont pu parler des hommes, mais
el-

(1) Ce principe, auquel tiennent toutes bonnes
mœurs, eft développé d'une maniere plus claire &
plus étendue dans un manufcrit dont je fuis dépo-
fitaire & que je me propofe de publier, s'il me
refte affés de tems pour cela, quoique cette annonce ne foit guéres propre à lui concilier d'a-
vance la faveur des Dames.

N 5

elles se sont passées d'eux ; & tandis qu'elles critiquoient si séverement la conduite des autres , au - moins la leur étoit irréprochable.

LES cercles d'hommes ont aussi leurs inconvéniens , sans doute ; quoi d'humain n'a pas les siens ? On joue , on boit , on s'enyvre , on passe les nuits ; tout cela peut être vrai , tout cela peut être exageré. Il y a partout mélange de bien & de mal , mais à diverses mesures. On abuse de tout : axiome trivial , sur lequel on ne doit ni tout rejetter ni tout admettre. La regle pour choisir est simple. Quand le bien surpasse le mal , la chose doit être admise malgré ses inconvéniens ; quand le mal surpasse le bien , il la faut rejetter même avec ses avantages. Quand la chose est bonne en elle - même & n'est mauvaise que dans ses abus , quand les abus peuvent être prévenus sans beaucoup de peine , ou tolérés sans grand préjudice , ils peuvent servir de prétexte & non de raison pour abolir un usage utile ; mais ce qui est mauvais en soi sera toujours mau-

vais

vais (m), quoiqu'on fasse pour en tirer un bon usage. Telle est la différence essentielle des cercles aux spectacles.

Les citoyens d'un même Etat, les habitans d'une même ville ne font point des Anachoretes, ils ne sauroient vivre toujours seuls & séparés ; quand ils le pourroient, il ne faudroit pas les y contraindre. Il n'y a que le plus farouche despotisme qui s'allarme à la vue de sept ou huit hommes assemblés, craignant toujours que leurs entretiens ne roulent fur leurs miseres.

Or de toutes les fortes de liaisons qui peuvent rassembler les particuliers dans une ville comme la nôtre, les cercles forment, fans contredit, la plus raisonnable, la plus honnête, & la moins dangereuse : parce qu'elle ne veut ni ne peut se cacher, qu'elle est publique, permise, & que l'ordre & la regle y regnent. Il est même facile à démontrer que

les

(m) Je parle dans l'ordre moral : car dans l'ordre physique il n'y a rien d'absolument mauvais. Le tout est bien.

les abus qui peuvent en réfulter naîtroient également de toutes les autres, ou qu'elles en produiroient de plus grands encore. Avant de fonger à détruire un ufage établi, on doit avoir bien pefé ceux qui s'introduiront à fa place. Quiconque en pourra propofer un qui foit praticable & duquel ne réfulte aucun abus, qu'il le propofe, & qu'enfuite les cercles foient abolis: à la bonne heure. En attendant, laiffons, s'il le faut, paffer la nuit à boire à ceux qui, fans cela, la pafferoient peut-être à faire pis.

Toute intempérance eft vicieufe, & furtout celle qui nous ôte la plus noble de nos facultés. L'excès du vin dégrade l'homme, aliene au-moins fa raifon pour un tems & l'abrutit à la longue. Mais enfin, le goût du vin n'eft pas un crime, il en fait rarement commettre, il rend l'homme ftupide & non pas méchant (n). Pour une querelle paffa-

____

(n) Ne calomnions point le vice-même, n'a-t-il pas affés de fa laideur? Le vin ne donne pas de la méchanceté, il la décele. Celui qui tua
Clitus

paffagere qu'il caufe, il forme cent attache-
mens durables. Généralement parlant, les
buveurs ont de la cordialité, de la franchife;
ils font prefque tous bons, droits, juftes, fi-
deles, braves & honnêtes gens, à leur défaut près. En ofera-t-on dire autant des vices qu'on fubftitue à celui-là, ou bien pré-
tend-on faire de toute une ville un peuple
d'hommes fans défauts & retenus en toute
chofe? Combien de vertus apparentes cachent
fouvent des vices réels! Le fage eft fobre
par tempérance, le fourbe l'eft par fauffeté.
Dans les pays de mauvaifes mœurs, d'intrigues, de trahifons, d'adulteres, on redoute
un état d'indifcrétion où le cœur fe montre
fans qu'on y fonge. Par-tout les gens qui
ab-

Clitus dans l'ivreffe, fit mourir Philotas de fang-
froid. Si l'ivreffe a fes fureurs, quelle paffion
n'a pas les fiennes? La différence eft que les autres reftent au fond de l'ame & que celle-là
s'allume & s'éteint à l'inftant. A cet emportement près, qui paffe & qu'on évite aifément,
foyons fûrs que quiconque fait dans le vin de
méchantes actions, couve à jeun de méchans des-
feins.

abhorrent le plus l'ivreſſe ſont ceux qui ont le plus d'intérêt à s'en garantir. En Suiſſe elle eſt preſque en eſtime, à Naples elle eſt en horreur; mais au fond laquelle eſt le plus à craindre, de l'intempérance du Suiſſe ou de la réſerve de l'Italien.

Je le répete, il vaudroit mieux être ſobre & vrai, non ſeulement pour ſoi, même pour la Société: car tout ce qui eſt mal en morale eſt mal encore en politique. Mais le prédicateur s'arrête au mal perſonnel, le magiſtrat ne voit que les conſéquences publiques; l'un n'a pour objet que la perfection de l'homme où l'homme n'atteint point, l'autre que le bien de l'Etat autant qu'il y peut atteindre; ainſi tout ce qu'on a raiſon de blâmer en chaire ne doit pas être puni par les loix. Jamais peuple n'a péri par l'excès du vin, tous périſſent par le déſordre des femmes. La raiſon de cette différence eſt claire: le premier de ces deux vices détourne des autres, le ſecond les engendre tous. La diverſité des âges y fait encore. Le vin tente moins la jeuneſſe & l'abat moins aiſément;

un

un fang ardent lui donne d'autres defirs ; dans l'âge des paffions toutes s'enflamment au feu d'une feule, la raifon s'altere en naiffant, & l'homme encore indompté devient indifciplinable avant que d'avoir porté le joug des loix. Mais qu'un fang à demi-glacé cherche un fecours qui le ranime, qu'une liqueur bienfaifante fupplée aux efprits qu'il n'a plus (o) ; quand un vieillard abufe de ce doux remede, il a déja rempli fes devoirs envers fa patrie, il ne la prive que du rebut de fes ans. Il a tort, fans doute : il ceffe avant la mort d'être citoyen. Mais l'autre ne commence pas même à l'être : il fe rend plutôt l'ennemi public, par la féduction de fes complices, par l'exemple & l'effet de fes mœurs corrompues, fur-tout par la morale pernicieufe qu'il ne manque pas de répandre pour les autorifer. Il vaudroit mieux qu'il n'eût point exifté.

De la paffion du jeu naît un plus dangereux

____

(o) Platon dans fa République permet aux feuls vieillards l'ufage du vin, & même il leur en permet quelquefois l'excès.

reux abus, mais qu'on prévient ou réprime aisément. C'est une affaire de police, dont l'inspection devient plus facile & mieux séante dans les cercles que dans les maisons particulieres. L'opinion peut beaucoup encore en ce point ; & si-tôt qu'on voudra mettre en honneur les jeux d'exercice & d'adresse, les cartes, les dés, les jeux de hazard tomberont infailliblement. Je ne crois pas même, quoiqu'on en dise, que ces moyens oisifs & trompeurs de remplir sa bourse, prennent jamais grand crédit chez un peuple raisonneur & laborieux, qui connoît trop le prix du tems & de l'argent pour aimer à les perdre ensemble.

CONSERVONS donc les cercles, même avec leurs défauts : car ces défauts ne font pas dans les cercles, mais dans les hommes qui les composent ; & il n'y a point dans la vie sociale de forme imaginable sous laquelle ces mêmes défauts ne produisent de plus nuisibles effets. Encore un coup, ne cherchons point la chimere de la perfection ; mais le mieux possible selon la nature de l'homme &

la

la conſtitution de la Société. Il y a tel Peuple à qui je dirois : détruiſez cercles & coteries, ôtez toute barriere de bienſéance entre les ſexes, remontez, s'il eſt poſſible, juſqu'à n'être que corrompus ; mais vous, Genevois, évitez de le devenir, s'il eſt tems encore. Craignez le premier pas qu'on ne fait jamais ſeul, & ſongez qu'il eſt plus aiſé de garder de bonnes mœurs que de mettre un terme aux mauvaiſes.

DEUX ans ſeulement de Comédie & tout eſt bouleverſé. L'on ne ſauroit ſe partager entre tant d'amuſemens : l'heure des Spectacles étant celle des cercles, les fera diſſoudre ; il s'en détachera trop de membres ; ceux qui reſteront ſeront trop peu aſſidus pour être d'une grande reſſource les uns aux autres & laiſſer ſubſiſter long-tems les aſſociations. Les deux ſexes réunis journellement dans un même lieu ; les parties qui ſe lieront pour s'y rendre ; les manieres de vivre qu'on y verra dépeintes & qu'on s'empreſſera d'imiter ; l'expoſition des Dames & Demoiſelles parées tout de leur mieux & miſes en étala-

ge

ge dans des loges comme fur le devant d'u-
ne boutique, en attendant les acheteurs ; l'affluence de la belle jeuneffe qui viendra de
fon côté s'offrir en montre, & trouvera bien
plus beau de faire des entrechats au Théatre
que l'exercice à Plain-Palais ; les petits fou-
pers de femmes qui s'arrangeront en fortant,
ne fut-ce qu'avec les Actrices ; enfin le mépris des anciens ufages qui réfultera de l'a-
doption des nouveaux ; tout cela fubftituera
bientôt l'agréable vie de Paris & les bons
airs de France à notre ancienne fimplicité, &
je doute un peu que des Parifiens à Geneve
y confervent long-tems le goût de notre gouvernement.

Il ne faut point le diffimuler, les intentions font droites encore ; mais les mœurs in-
clinent déja vifiblement vers la décadence, &
nous fuivons de loin les traces des mêmes
peuples dont nous ne laiffons pas de craindre le fort. Par exemple, on m'affure que
l'éducation de la jeuneffe eft généralement
beaucoup meilleure qu'elle n'étoit autrefois;
ce qui pourtant ne peut gueres fe prouver
qu'en

qu'en montrant qu'elle fait de meilleurs citoyens. Il eſt certain que les enfans font
mieux la révérence; qu'ils ſavent plus galamment donner la main aux Dames, & leur dire une infinité de gentilleſſes pour leſquelles
je leur ferois, moi, donner le fouet; qu'ils
ſavent décider, trancher, intérroger, couper
la parole aux hommes, importuner tout le
monde ſans modeſtie & ſans diſcrétion. On
me dit que cela les forme; je conviens que
cela les forme à être impertinens & c'eſt, de
toutes les choſes qu'ils apprennent par cette
méthode, la ſeule qu'ils n'oublient point. Ce
n'eſt pas tout. Pour les retenir auprès des
femmes qu'ils ſont deſtinés à défennuyer, on
a ſoin de les élever préciſément comme elles: on les garantit du ſoleil, du vent, de
la pluie, de la pouſſiere, afin qu'ils ne puiſ-
ſent jamais rien ſupporter de tout cela. Ne
pouvant les préſerver entierement du contact
de l'air, on fait du-moins qu'il ne leur arrive
qu'après avoir perdu la moitié de ſon reſ-
ſort. On les prive de tout exercice, on leur
ôte toutes leurs facultés, on les rend ineptes

à

à tout autre ufage qu'aux foins auxquels ils font deftinés; & la feule chofe que les femmes n'exigent pas de ces vils efclaves eft de fe confacrer à leur fervice à la façon des Orientaux. A cela près, tout ce qui les diftingue d'elles, c'eft que la Nature leur en ayant refufé les graces, ils y fubftituent des ridicules. A mon dernier voyage à Geneve, j'ai déja vu plufieurs de ces jeunes Demoifelles en jufte-au-corps, les dents blanches, la main potelée, la voix flûtée, un joli parafol verd à la main, contrefaire affés mal-adroitement les hommes.

On étoit plus groffier de mon tems. Les enfans ruftiquement élevés n'avoient point de teint à conferver, & ne craignoient point les injures de l'air auxquelles ils s'étoient aguerris de bonne heure. Les peres les menoient avec eux à la chaffe, en campagne, à tous leurs exercices, dans toutes les fociétés. Timides & modeftes devant les gens âgés, ils étoient hardis, fiers, querelleurs entr'eux; ils n'avoient point de frifure à conferver; ils fe défioient à la lutte, à la cour-

fe,

fe, aux coups; ils fe battoient à bon efcient, fe bleffoient quelquefois, & puis s'embraffoient en pleurant. Ils revenoient au logis fuans, effoufflés, déchirés, c'étoient de vrais poliçons; mais ces poliçons ont fait des hommes qui ont dans le cœur du zele pour fervir la patrie & du fang à verfer pour elle. Plaife à Dieu qu'on en puiffe dire autant un jour de nos beaux petits Meffieurs requinqués, & que ces hommes de quinze ans ne foient pas des enfans à trente!

HEUREUSEMENT ils ne font point tous ainfi. Le plus grand nombre encore a gardé cette antique rudeffe, confervatrice de la bonne conftitution ainfi que des bonnes mœurs. Ceux même qu'une éducation trop délicate amollit pour un tems, feront contraints étant grands de fe plier aux habitudes de leurs compatriotes. Les uns perdront leur âpreté dans le commerce du monde; les autres gagneront des forces en les exerçant; tous deviendront, je l'efpere, ce que furent leurs ancêtres ou du-moins ce que leurs peres font aujourd'hui. Mais ne nous flatons pas de

con-

conferver notre liberté en renonçant aux mœurs qui nous l'ont acquife.

JE reviens à nos Comédiens & toujours en leur fuppofant un fuccès qui me paroît impoffible ; je trouve que ce fuccès attaquera notre conftitution, non feulement d'une maniere indirecte en attaquant nos mœurs, mais immédiatement, en rompant l'équilibre qui doit régner entre les diverfes parties de l'E-tat, pour conferver le corps entier dans fon affiete.

PARMI plufieurs raifons que j'en pourrois donner, je me contenterai d'en choifir une qui convient mieux au plus grand nombre: parce qu'elle fe borne à des confidérations d'intérêt & d'argent, toujours plus fenfibles au vulgaire que des effets moraux dont il n'eft pas en état de voir les liaifons avec leurs caufes, ni l'influence fur le deftin de l'Etat.

ON peut confidérer les Spectacles, quand ils réuffiffent, comme une efpece de taxe qui, bien que volontaire, n'en eft pas moins onéreufe au peuple : en ce qu'elle lui fournit

une

une continuelle occafion de dépenfe à laquelle il ne réfifte pas. Cette taxe eft mauvaife:
non feulement parce qu'il n'en revient rien au
fouverain; mais fur-tout parce que la répartition, loin d'être proportionnelle, charge le
pauvre au delà de fes forces & foulage le
riche en fuppléant aux amufemens plus coûteux qu'il fe donneroit au défaut de celui-là.
Il fuffit, pour en convenir, de faire attention
que la différence du prix des places n'eft,
ni ne peut être en proportion de celle des
fortunes des gens qui les rempliffent. A la
Comédie Françoife, les premieres loges & le
théatre font à quatre francs pour l'ordinaire
& à fix quand on tierce ; le parterre eft à
vingt fols, on a même tenté plufieurs fois de
l'augmenter. Or on ne dira pas que le bien
des plus riches qui vont au théatre n'eft que
le quadruple du bien des plus pauvres qui
vont au parterre. Généralement parlant, les
premiers font d'une opulence exceffive, & la
plûpart des autres n'ont rien (p). Il en eft
de

(p) Quand on augmenteroit la différence du
O 4 prix

de ceci comme des impôts fur le bled, fur le vin, fur le fel, fur toute chofe néceffaire à la vie, qui ont un air de juftice au premier coup d'œil, & font au fond très iniques : car le pauvre qui ne peut dépenfer que pour fon néceffaire eft forcé de jetter les trois quarts de ce qu'il dépenfe en impôts, tandis que ce même néceffaire n'étant que la moindre partie de la dépenfe du riche l'impôt lui eft prefque infenfible (q). De cette maniére,

prix des places en proportion de celle des fortunes, on ne rétabliroit point pour cela l'équilibre. Ces places inférieures, mifes à trop bas prix, feroient abandonnées à la populace, & chacun, pour en occuper de plus honorables, dépenferoit toujours au delà de fes moyens. C'eft une obfervation qu'on peut faire aux Spectacles de la Foire. La raifon de ce défordre eft que les premiers rangs font alors un terme fixe dont les autres fe rapprochent toujours, fans qu'on le puiffe éloigner. Le pauvre tend fans ceffe à s'élever au deffus de fes vingt fols ; mais le riche, pour le fuir, n'a plus d'afile au delà de fes quatre francs ; il faut, malgré lui, qu'il fe laiffe accofter &, fi fon orgueil en fouffre, fa bourfe en profite.

(q) Voila pourquoi les *impofteurs* de Bodin & autres fripons publics établiffent toujours leurs

moniére, celui qui a peu paie beaucoup & celui qui a beaucoup paie peu ; je ne vois pas quelle grande juſtice on trouve à cela.

ON me demandera qui force le pauvre d'aller aux Spectacles? Je répondrai, premiérement ceux qui les établiſſent & lui en donnent la tentation ; en ſecond lieu, ſa pauvreté même qui, le condamnant à des travaux continuels, ſans eſpoir de les voir finir, lui rend quelque délaſſement plus néceſſaire pour les ſupporter. Il ne ſe tient point malheureux de travailler ſans relâche, quand tout le monde en fait de même; mais n'eſt-il pas cruel à celui qui travaille de ſe priver des récréations des gens oiſifs ? Il les partage donc ; & ce même amuſement, qui fournit un moyen d'économie au riche, affoiblit doublement le pauvre, ſoit par un ſurcroît réel de

monopoles ſur les choſes néceſſaires à la vie, afin d'affamer doucement le peuple, ſans que le riche en murmure. Si le moindre objet de luxe ou de faſte étoit attaqué, tout ſeroit perdu; mais, pourvu que les grands ſoient contens, qu'importe que le peuple vive ?

O 5

de dépenſes, ſoit par moins de zele au travail, comme je l'ai ci-devant expliqué.

De ces nouvelles réflexions, il ſuit évidemment, ce me ſemble, que les Spectacles modernes, où l'on n'aſſiſte qu'à prix d'argent,
tendent par-tout à favoriſer & augmenter l'i-
négalité des fortunes, moins ſenſiblement, il
eſt vrai, dans les capitales que dans une
petite ville comme la nôtre. Si j'accorde
que cette inégalité, portée juſqu'à certain
point, peut avoir ſes avantages, certainement
vous m'accorderez auſſi qu'elle doit avoir des
bornes, ſur-tout dans un petit Etat, & ſur-
tout dans une République. Dans une Monarchie où tous les ordres ſont intermédiaires
entre le prince & le peuple, il peut être aſſés indifférent que certains hommes paſſent de
l'un à l'autre : car, comme d'autres les rem-
placent, ce changement n'interrompt point la
progreſſion. Mais dans une Démocratie où les
ſujets & le ſouverain né ſont que les mêmes
hommes conſidérés ſous différens rapports, ſi-
tôt que le plus petit nombre l'emporte en ri-
cheſſes ſur le plus grand, il faut que l'Etat

périſſe

périsse ou change de forme. Soit que le riche devienne plus riche ou le pauvre plus
indigent, la différence des fortunes n'en augmente pas moins d'une maniere que de l'autre; & cette différence, portée au delà de sa
mesure, est ce qui détruit l'équilibre dont
j'ai parlé.

Jamais dans une Monarchie l'opulence
d'un particulier ne peut le mettre au-dessus
du Prince; mais dans une République elle
peut aisément le mettre au-dessus des loix.
Alors le gouvernement n'a plus de force, &
le riche est toujours le vrai souverain. Sur
ces maximes incontestables, il reste à consi-
dérer si l'inégalité n'a pas atteint parmi nous
le dernier terme où elle peut parvenir sans
ébranler la République. Je m'en rapporte
là-dessus à ceux qui connoissent mieux que
moi notre constitution & la répartition de
nos richesses. Ce que je sais : c'est que, le
tems seul donnant à l'ordre des choses une
pente naturelle vers cette inégalité & un progrès successif jusqu'à son dernier terme, c'est
une grande imprudence de l'accélérer encore

par

par des établiffemens qui la favorifent. Le grand Sulli qui nous aimoit, nous l'eût bien fu dire : Spectacles & Comédies dans toute petite Republique & fur-tout dans Geneve, affoibliffement d'Etat.

Si le feul établiffement du Théatre nous eft fi nuifible, quel fruit tirerons-nous des Pieces qu'on y repréfente ? Les avantages même qu'elles peuvent procurer aux peuples pour lefquels elles ont été compofées nous tourneront à préjudice, en nous donnant pour inftruction ce qu'on leur a donné pour cenfure, ou du-moins en dirigeant nos goûts & nos inclinations fur les chofes du monde qui nous conviennent le moins. La Tragédie nous repréfentera des tyrans & des héros. Qu'en avons-nous à faire ? Sommes-nous faits pour en avoir ou le devenir ? Elle nous donnera une vaine admiration de la puiffance & de la grandeur. Dequoi nous fervira-t-elle ? Serons-nous plus grands ou plus puiffans pour cela ? Que nous importe d'aller étudier fur la Scene les devoirs des rois, en négligeant de remplir les nôtres ? La ftérile admiration des

vertus

vertus de Théatre nous dédommagera-t-elle des vertus fimples & modeftes qui font le bon citoyen ? Au-lieu de nous guérir de nos ridicules, la Comédie nous portera ceux d'autrui : elle nous perfuadera que nous avons tort de méprifer des vices qu'on eftime fi fort ailleurs. Quelque extravagant que foit un marquis c'eft un marquis enfin. Concevez combien ce titre fonne dans un pays affés heureux pour n'en point avoir ; & qui fait combien de courtauts croiront fe mettre à la mode., en imitant les marquis du fiecle dernier ? Je ne répéterai point ce que j'ai déja dit de la bonne foi toujours raillée, du vice adroit toujours triomphant, & de l'exemple continuel des forfaits mis en plaifanterie. Quelles leçons pour un Peuple dont tous les fentimens ont encore leur droiture naturelle, qui croit qu'un fcélerat eft toujours méprifable & qu'un homme de bien ne peut être ridicule ! Quoi ! Platon banniffoit Homere de fa République & nous fouffrirons Moliere dans la nôtre! Que pourroit-il nous arriver de pis que de reffembler aux gens qu'il nous peint, même me à ceux qu'il nous fait aimer?

J'EN ai dit affés, je crois, fur leur chapitre & je ne penfe guères mieux des héros de Racine, de ces héros fi parés, fi
doucereux, fi tendres, qui, fous un air de
courage & de vertu, ne nous montrent que
les modeles des jeunes-gens dont j'ai parlé,
livrés à la galanterie, à la moleffe, à l'a-
mour, à tout ce qui peut efféminer l'homme
& l'attiédir fur le goût de fes véritables devoirs. Tout le Théatre François ne refpire
que la tendreffe : c'eft la grande vertu à laquelle on y facrifie toutes les autres, ou du-
moins qu'on y rend la plus chere aux Spectateurs. Je ne dis pas qu'on ait tort en cela, quant à l'objet du Poëte : je fais que
l'homme fans paffions eft une chimere ; que
l'intérêt du Théatre n'eft fondé que fur les
paffions ; que le cœur ne s'intéreffe point à
celles qui lui font étrangeres, ni à celles
qu'on n'aime pas à voir en autrui, quoiqu'on
y foit fujet foi-même. L'amour de l'humanité, celui de la patrie, font les fentimens
dont les peintures touchent le plus ceux qui

en

en font pénétrés ; mais, quand ces deux paffions font éteintes, il ne refte que l'amour proprement dit, pour leur fuppléer : parce que fon charme eft plus naturel & s'efface plus difficilement du cœur que celui de toutes les autres. Cependant il n'eft pas également convenable à tous les hommes : c'eft plutôt comme fupplément des bons fentimens que comme bon fentiment lui-même qu'on peut l'admettre ; non qu'il ne foit louable en foi, comme toute paffion bien réglée, mais parce que les excès en font dangereux & inévitables.

Le plus méchant des hommes eft celui qui s'ifole le plus, qui concentre le plus fon cœur en lui-même ; le meilleur eft celui qui partage également fes affections à tous fes femblables. Il vaut beaucoup mieux aimer une maîtreffe que de s'aimer feul au monde. Mais quiconque aime tendrement fes parens, fes amis, fa patrie, & le genre humain, fe dégrade par un attachement défordonné qui nuit bientôt à tous les autres & leur eft infailliblement préféré. Sur ce principe, je dis

qu'il

qu’il y a des pays où les mœurs font fi mauvaifes qu’on feroit trop heureux d’y pouvoir remonter à l’amour ; d’autres où elles font affés bonnes pour qu’il foit fâcheux d’y defcendre, & j’ofe croire le mien dans ce dernier cas. J’ajouterai que les objets trop paffionnés font plus dangereux à nous montrer qu’à perfonne : parce que nous n’avons naturellement que trop de penchant à les aimer. Sous un air flegmatique & froid, le Genevois cache une ame ardente & fenfible, plus facile à émouvoir qu’à retenir. Dans ce féjour de la raifon, la beauté n’eft pas étrangere, ni fans empire ; le levain de la mélancolie y fait fouvent fermenter l’amour ; les hommes n’y font que trop capables de fentir des paffions violentes, les femmes, de les infpirer ; & les triftes effets qu’elles y ont quelquefois produits ne montrent que trop le danger de les exciter par des fpectacles touchans & tendres. Si les héros de quelques Pieces foumettent l’amour au devoir, en admirant leur force, le cœur fe prête à leur foibleffe ; on apprend moins à fe donner leur courage

qu’à

qu'à se mettre dans le cas d'en avoir besoin.
C'est plus d'exercice pour la vertu; mais qui
l'ose exposer à ces combats, mérite d'y suc-
comber. L'amour, l'amour même prend son
masque pour la surprendre; il se pare de son
enthousiasme; il usurpe sa force; il affecte
son langage, & quand on s'apperçoit de l'erreur, qu'il est tard pour en revenir! Que
d'hommes bien nés, séduits par ces apparences, d'amans tendres & généreux qu'ils é-
toient d'abord, sont devenus par degrés de
vils corrupteurs, sans mœurs, sans respect
pour la foi conjugale, sans égards pour les
droits de la confiance & de l'amitié! Heureux qui sait se reconnoître au bord du pré-
cipice & s'empêcher d'y tomber! Est-ce au
milieu d'une course rapide qu'on doit espérer
de s'arrêter? Est-ce en s'attendrissant tous les
jours qu'on apprend à surmonter la tendresse?
On triomphe aisément d'un foible penchant;
mais celui qui connut le véritable amour &
l'a su vaincre, ah! pardonnons à ce mortel,
s'il existe, d'oser prétendre à la vertu!

Ainsi de quelque manière qu'on envisage

P

les

les chofes, la même vérité nous frappe toujours. Tout ce que les Pieces de Théatre
peuvent avoir d'utile à ceux pour qui elles
ont été faites, nous deviendra préjudiciable,
jufqu'au goût que nous croirons avoir acquis
par elles, & qui ne fera qu'un faux goût,
fans tact, fans délicateffe, fubftitué mal -à-
propos parmi nous à la folidité de la raifon.
Le goût tient à plufieurs chofes: les recherches d'imitation qu'on voit au Théatre, les
comparaifons qu'on a lieu d'y faire, les réflexions fur l'art de plaire aux fpectateurs,
peuvent le faire germer, mais non fuffire à
fon développement. Il faut de grandes villes,
il faut des beaux-arts & du luxe, il faut un
commerce intime entre les citoyens, il faut
une étroite dépendance les uns des autres, il
faut de la galanterie & même de la débau-
che, il faut des vices qu'on foit forcé d'embellir, pour faire chercher à tout des formes
agréables, & réuffir à les trouver. Une partie de ces chofes nous manquera toujours, &
nous devons trembler d'acquerir l'autre.

Nous aurons des Comédiens, mais quels?
Une

Une bonne Troupe viendra-t-elle de but-en-blanc s'établir dans une ville de vingt-quatre mille ames? Nous en aurons donc d'abord de mauvais & nous ferons d'abord de mauvais juges. Les formerons-nous, ou s'ils nous formeront? Nous aurons de bonnes Pieces; mais, les recevant pour telles sur la parole d'autrui, nous ferons dispensés de les examiner, & ne gagnerons pas plus à les voir jouer qu'à les lire. Nous n'en ferons pas moins les connoisseurs, les arbitres du Théatre; nous n'en voudrons pas moins décider pour notre argent, & n'en ferons que plus ridicules. On ne l'est point pour manquer de goût, quand on le méprise; mais c'est l'être que de s'en piquer & n'en avoir qu'un mauvais. Et qu'est-ce au fond que ce goût si vanté? L'art de se connoître en petites choses. En vérité, quand on en a une aussi grande à conserver que la liberté, tout le reste est bien puérile.

Je ne vois qu'un remede à tant d'inconvéniens : c'est que, pour nous approprier les Drames de notre Théatre, nous les composions nous-mêmes, & que nous ayons des

 Au-

Auteurs avant des Comédiens. Car il n'eſt pas bon qu'on nous montre toutes ſortes d'imitations, mais ſeulement celles des choſes honnêtes, & qui conviennent à des hommes libres (r). Il eſt ſûr que des Pieces tirées comme celles des Grecs des malheurs paſſés de la patrie, ou des défauts préſens du peuple, pourroient offrir aux ſpectateurs des leçons utiles. Alors quels feront les héros de nos Tragédies. Des Berthelier? des Lévrery? Ah, dignes citoyens! Vous fûtes des héros, ſans-doute; mais votre obſcurité vous avilit,

vos

(r) Si quis ergo in noſtram urbem venerit, qui animi ſapientiâ in omnes poſſit ſeſe vertere formas, & omnia imitari, volueritque poemata ſua oſtentare, venerabimur quidem ipſum, ut ſacrum, admirabilem, & jucundum: dicemus autem non eſſe ejuſmodi hominem in republicâ noſtrâ, neque fas eſſe ut inſit, mittemuſque in aliam urbem, unguento caput ejus perungentes, lanâque coronantes. Nos autem auſteriori minuſque jucundo utemur Poetâ, fabularumque fictore, utilitatis gratiâ, qui decori nobis rationem exprimat, & quæ dici debent dicat in his formulis quas à principio pro legibus tulimus, quando cives erudire aggreſſi ſumus. *Plat. de Rep. Lib. III.*

vos noms communs déshonorent vos grandes ames (s), & nous ne sommes plus assés grands nous-mêmes pour vous savoir admirer. Quels seront nos tyrans? Des Gentils-hommes de la cuillier (t), des Eveques de Geneve,

des

(s) Philibert Berthelier fut le Caton de notre patrie, avec cette différence que la liberté publique finit par l'un & commença par l'autre. Il tenoit une belette privée quand il fut arrêté; il rendit son épée avec cette fierté qui sied si bien à la vertu malheureuse; puis il continua de jouer avec sa belette, sans daigner répondre aux outrages de ses gardes. Il mourut comme doit mourir un martyr de la liberté.

Jean Lévrery fut le Favonius de Berthelier; non pas en imitant puérilement ses discours & ses manieres, mais en mourant volontairement comme lui: sachant bien que l'exemple de sa mort feroit plus utile à son pays que sa vie. Avant d'aller à l'échaffaut, il écrivit sur le mûr de sa prison cette épitaphe qu'on avoit faite à son prédécesseur.

Quid mihi mors nocuit? Virtus post fata virescit:

Nec cruce, nec sævi gladio perit illa Tyranni.

(t) C'étoit une confrairie de Gentils-hommes Savoyards qui avoient fait vœu de brigandage contre la ville de Geneve, & qui, pour marque de

leur

des Comtes de Savoie, des ancêtres d'une maifon avec laquelle nous venons de traiter, & à qui nous devons du refpect? Cinquante ans plutôt, je ne répondrois pas que le Diable (v) & l'Antechrift n'y euffent auffi fait leur rôle. Chés les Grecs, peuple d'ailleurs affés

leur affociation, portoient une cuiller pendue au cou.

(v) J'ai lu dans ma jeuneffe une Tragédie de l'efcalade, où le Diable étoit en effet un des Acteurs. On me difoit que cette piece ayant une fois été repréfentée, ce perfonnage en entrant fur la Scene fe trouva double, comme fi l'original eût été jaloux qu'on eût l'audace de le contrefaire, & qu'à l'inftant l'effroi fit fuir tout le monde, & finir la représentation. Ce conte eft burlefque, & le paroîtra bien plus à Paris qu'à Geneve : cependant, qu'on fe prête aux fuppofitions, on trouvera dans cette double apparition un effet théatral & vraiment effrayant. Je n'imagine qu'un Spectacle plus fimple & plus terrible encore ; c'eft celui de la main fortant du mur & traçant des mots inconnus au feftin de Balthazar. Cette feule idée fait friffonner. Il me femble que nos Poëtes Lyriques font loin de ces inventions fublimes ; ils font, pour épouvanter, un fracas de décorations fans effet. Sur la Scene même il ne faut pas tout dire à la vue; mais ébranler l'imagination.

affés badin, tout étoit grave & férieux, fi-tôt
qu'il s'agiffoit de la patrie ; mais dans ce-fie-
cle plaifant où rien n'échappe au ridicule, hor-
mis la puiffance, on n'ofe parler d'héroïfme
que dans les grands Etats, quoiqu'on n'en
trouve que dans les petits.

QUANT à la Comédie, il n'y faut pas
fonger. Elle cauferoit chés nous les plus affreux défordres ; elle ferviroit d'inftrument
aux factions, aux partis, aux vengeances particulieres. Notre ville eft fi petite que les
peintures de mœurs les plus générales y dé-
généreroient bientôt en fatyres & perfonali-
tés. L'exemple de l'ancienne Athenes, ville
incomparablement plus peuplée que Geneve,
nous offre une leçon frapante : c'eft au Théatre qu'on y prépara l'éxil de plufieurs grands
hommes & la mort de Socrate ; c'eft par la
fureur du Théatre qu'Athenes périt & fes
défaftres ne juftifierent que trop le chagrin
qu'avoit témoigné Solon, aux premieres repréfentations de Thefpis. Ce qu'il y a de
bien fûr pour nous, c'eft qu'il faudra mal au-
gurer de la République, quand on verra les

P 4

Ci-

citoyens travestis en beaux-esprits, s'occuper à faire des vers François & des Pieces de Théatre, talens qui ne font point les nôtres & que nous ne posséderons jamais. Mais que Mr. de Voltaire daigne nous composer des Tragédies sur le modele de la mort de Céfar, du premier acte de Brutus, &, s'il nous faut absolument un Théatre, qu'il s'engage à le remplir toujours de son génie, & à vivre autant que ses Pieces.

Je ferois d'avis qu'on pefât mûrement toutes ces réflexions, avant de mettre en ligne de compte le goût de parure & de diffipation que doit produire parmi notre jeuneffe l'exemple des Comédiens; mais enfin cet exemple aura son effet encore, & fi généralement par-tout les loix font infuffifantes pour réprimer des vices qui naiffent de la nature des chofes, comme je crois l'avoir montré, combien plus le feront-elles parmi nous où le premier figne de leur foibleffe fera l'établiffement des Comédiens? Car ce ne feront point eux proprement qui auront introduit ce goût de diffipation : au-contraire, ce même goût

goût les aura prévenus, les aura introduits eux-mêmes, & ils ne feront que fortifier un penchant déja tout formé, qui, les ayant fait admettre, à plus forte raison les fera maintenir avec leurs défauts.

Je m'appuie toujours fur la fuppofition qu'ils fubfifteront commodément dans une auffi petite ville, & je dis que fi nous les honorons, comme vous le prétendez, dans un pays où tous font à peu près égaux, ils feront les égaux de tout le monde, & auront de plus la faveur publique qui leur eft naturellement acquife. Ils ne feront point, comme ailleurs, tenus en refpect par les grands dont ils recherchent la bienveillance & dont ils craignent la disgrace. Les Magiftrats leur en impoferont : foit. Mais ces Magiftrats auront été particuliers ; ils auront pu être familiers avec eux ; ils auront des enfans qui le feront encore, des femmes qui aimeront le plaifir. Toutes ces liaifons feront des moyens d'indulgence & de protection, auxquels il fera impoffible de réfifter toujours. Bientôt les Comédiens, fûrs de l'im-

P 5

punité,

punité, la procureront encore à leurs imitateurs; c'eſt par eux qu'aura commencé le déſordre, mais on ne voit plus où il pourra
s'arrêter. Les femmes, la jeuneſſe, les riches, lés gens oiſifs, tout ſera pour eux,
tout éludera des loix qui les gênent, tout fa-
voriſera leur licence: chacun, cherchant à les
ſatisfaire, croira travailler pour ſes plaiſirs.
Quel homme oſera s'oppoſer à ce torrent, ſi
ce n'eſt peut-être quelque ancien Paſteur rigi-
de qu'on n'écoutera point, & dont le ſens &
la gravité paſſeront pour pédanterie chés une
jeuneſſe inconſidérée? Enfin pour peu qu'ils
joignent d'art & de manége à leurs ſuccès,
je ne leur donne pas trente ans pour être les
arbitres de l'Etat (x). On verra les aſpi-
rans aux charges briguer leur faveur pour obtenir les ſuffrages; les élections ſe feront
dans

(x) On doit toujours ſe ſouvenir que, pour que
la Comédie ſe ſoutienne à Geneve, il faut que ce
goût y devienne une fureur; s'il n'eſt que modé-
ré, il faudra qu'elle tombe. La raiſon veut donc
qu'en examinant les effets du Théatre, on les meſure ſur une cauſe capable de le ſoutenir.

dans les loges des Actrices, & les chefs d'un Peuple libre feront les créatures d'une bande d'Hiftrions. La plume tombe des mains à cette idée. Qu'on l'écarte tant qu'on voudra, qu'on m'accufe d'outrer la prévoyance; je n'ai plus qu'un mot à dire. Quoiqu'il arrive, il faudra que ces gens-là réforment leurs mœurs parmi nous, ou qu'ils corrompent les nôtres. Quand cette alternative aura ceffé de nous effrayer, les Comédiens pourront venir; ils n'auront plus de mal à nous faire.

Voila, Monfieur, les confidérations que j'avois à propofer au public & à vous fur la queftion qu'il vous a plu d'agiter dans un article où elle étoit, à mon avis, tout-à-fait étrangere. Quand mes raifons, moins fortes qu'elles ne me paroiffent, n'auroient pas un poids fuffifant pour contrebalancer les vôtres, vous conviendrez au-moins que, dans un auffi petit Etat que la République de Geneve, toutes innovations font dangereufes, & qu'il n'en faut jamais faire fans des motifs urgens & graves. Qu'on nous montre donc la preffante néceffité de celle-ci. Où font les défor-

dres

dres qui nous forcent de recourir à un expédient si suspect? Tout est-il perdu sans cela? Notre ville est-elle si grande, le vice & l'oisiveté y ont-ils déja fait un tel progrès qu'elle ne puisse plus désormais subsister sans Spectacles? Vous nous dites qu'elle en souffre de plus mauvais qui choquent également le goût & les mœurs; mais il y a bien de la différence entre montrer de mauvaises mœurs & attaquer les bonnes: car ce dernier effet dépend moins des qualités du Spectacle que de l'impression qu'il cause. En ce sens, quel rapport entre quelques farces passageres & une Comédie à demeure, entre les poliçonneries d'un Charlatan & les représentations régulieres des Ouvrages Dramatiques, entre des tréteaux de Foire élevés pour réjouir la populace & un Théatre estimé où les honnêtes gens penseront s'instruire? L'un de ces amusemens est sans conséquence & reste oublié dès le lendemain; mais l'autre est une affaire importante qui mérite toute l'attention du gouvernement. Par tout pays il est permis d'amuser les enfans, & peut être en-

fant

fant qui veut fans beaucoup d'inconvéniens.
Si ces fades Spectacles manquent de goût,
tant mieux: on s'en rebutera plus vîte; s'ils
font groffiers, ils feront moins féduifans. Le
vice ne s'infinue guere en choquant l'honnêteté, mais en prenant fon image; & les mots
fales font plus contraires à la politeffe qu'aux
bonnes mœurs. Voila pourquoi les expref-
fions font toujours plus recherchées & les
oreilles plus fcrupuleufes dans les pays plus
corrompus. S'apperçoit - on que les entretiens
de la halle échauffent beaucoup la jeuneffe
qui les écoute ? Si font bien les difcrets propos du Théatre, & il vaudroit mieux qu'une
jeune fille vît cent parades qu'une feule repréfentation de l'Oracle.

Au - refte, j'avoue que j'aimerois mieux,
quant à moi, que nous puffions nous paffer
entierement de tous ces tréteaux, & que petits & grands nous fuffions tirer nos plaifirs
& nos devoirs de notre état & de nous-
mêmes; mais de ce qu'on devroit peut - être
chaffer les Bateleurs, il ne s'enfuit pas qu'il
faille appeller les Comédiens. Vous avez vu

dans

dans votre propre pays, la ville de Marseille
se défendre long-tems d'une pareille innovation, résister même aux ordres réitérés du
Ministre, & garder encore, dans ce mépris
d'un amusement frivole, une image honorable
de son ancienne liberté. Quel exemple pour
une ville qui n'a point encore perdu la
sienne!

Qu'on ne pense pas, sur-tout, faire un
pareil établissement par maniere d'essai, sauf
à l'abolir quand on en sentira les inconvéniens: car ces inconvéniens ne se détruisent
pas avec le Théatre qui les produit, ils restent
quand leur cause est ôtée, &, dès qu'on commence à les sentir, ils sont irrémédiables.
Nos mœurs altérées, nos goûts changés ne
se rétabliront pas comme ils se seront corrompus; nos plaisirs mêmes, nos innocens plaisirs
auront perdu leurs charmes; le Spectacle nous
en aura dégoûtés pour toujours. L'oisiveté
devenue nécessaire, les vuides du tems que
nous ne saurons plus remplir nous rendront
à charge à nous-mêmes; les Comédiens en
partant nous laisseront l'ennui pour arrhes de

leur

leur retour; il nous forcera bientôt à les rappeller ou à faire pis. Nous aurons mal fait d'établir la Comédie, nous ferons mal de la laisser subsister, nous ferons mal de la détruire : après la premiere faute, nous n'aurons plus que le choix de nos maux.

Quoi ! ne faut-il donc aucun Spectacle dans une République ? Au-contraire, il en faut beaucoup. C'est dans les Républiques qu'ils sont nés, c'est dans leur sein qu'on les voit briller avec un véritable air de fête. A quels peuples convient-il mieux de s'assembler souvent & de former entr'eux les doux liens du plaisir & de la joie, qu'à ceux qui ont tant de raisons de s'aimer & de rester à jamais unis ? Nous avons déja plusieurs de ces fêtes publiques; ayons en davantage encore, je n'en serai que plus charmé. Mais n'adoptons point ces Spectacles exclusifs qui renferment tristement un petit nombre de gens dans un antre obscur; qui les tiennent craintifs & immobiles dans le silence & l'inaction ; qui n'offrent aux yeux que cloisons, que pointes de fer, que soldats, qu'affligeantes

tes

tes images de la servitude & de l'inégalité. Non, Peuples heureux, ce ne sont pas là vos fêtes! C'est en plein air, c'est sous le ciel qu'il faut vous rassembler & vous livrer au doux sentiment de votre bonheur. Que vos plaisirs ne soient efféminés ni mercenaires, que rien de ce qui sent la contrainte & l'intérêt ne les empoisonne, qu'ils soient libres & généreux comme vous, que le soleil éclaire vos innocens Spectacles; vous en formerez un vous-mêmes, le plus digne qu'il puisse éclairer.

Mais quels seront enfin les objets de ces Spectacles? Qu'y montrera-t-on? Rien, si l'on veut. Avec la liberté, partout où regne l'affluence, le bien-être y regne aussi. Plantez au milieu d'une place un piquet couronné de fleurs, rassemblez-y le peuple, & vous aurez une fête. Faites mieux encore : donnez les spectateurs en spectacle; rendez les acteurs eux-mêmes; faites que chacun se voie & s'aime dans les autres, afin que tous en soient mieux unis. Je n'ai pas besoin de renvoyer aux jeux des

an-

anciens Grecs : il en eſt de plus modernes, il en eſt d'exiſtens encore, & je les trouve préciſément parmi nous. Nous avons tous les ans des revues ; des prix publics ; des Rois de l'arquebuſe, du canon, de la navigation. On ne peut trop multiplier des établiſſemens ſi utiles (y) & ſi agréables ; on ne peut

(y) Il ne ſuffit pas que le peuple ait du pain & vive dans ſa condition. Il faut qu'il y vive agréablement : afin qu'il en rempliſſe mieux les devoirs, qu'il ſe tourmente moins pour en ſortir, & que l'ordre public ſoit mieux établi. Les bonnes mœurs tiennent plus qu'on ne penſe à ce que chacun ſe plaiſe dans ſon état. Le manége & l'eſprit d'intrigue viennent d'inquiétude & de mécontentement : tout va mal quand l'un aſpire à l'emploi d'un autre. Il faut aimer ſon métier pour le bien faire. L'aſſiete de l'Etat n'eſt bonne & ſolide que quand, tous ſe ſentant à leur place, les forces particulieres ſe réuniſſent & concourent au bien public ; au-lieu de s'uſer l'une contre l'autre, comme elles font dans tout Etat mal conſtitué. Cela poſé, que doit-on penſer de ceux qui voudroient ôter au peuple les fêtes, les plaiſirs & toute eſpece d'amuſement, comme autant de diſtractions qui le détournent de ſon travail ? Cette maxime eſt barbare & fauſſe. Tant pis, ſi le peu-

Q

ple

péut trop avoir de femblables Rois. Pourquoi ne ferions-nous pas, pour nous rendre difpos & robuftes, ce que nous faifons pour nous exercer aux armes? La République a-t-elle moins befoin d'ouvriers que de foldats? Pourquoi, fur le modele des prix militaires, ne fonderions-nous pas d'autres prix de Gymnaftique, pour la lutte, pour la courfe, pour le difque, pour divers exercices du corps? Pourquoi n'animerions-nous pas nos Bateliers par des joûtes fur le Lac? Y auroit-il au monde

ple n'a de tems que pour gagner fon pain, il lui en faut encore pour le manger avec joie : autrement il ne le gagnera pas long-tems. Ce Dieu jufte & bienfaifant, qui veut qu'il s'occupe, veut auffi qu'il fe délaffe : la nature lui impofe également l'exercice & le repos, le plaifir & la peine. Le dégoût du travail accable plus les malheureux que le travail même. Voulez-vous donc rendre un peuple actif & laborieux? Donnez-lui des fêtes, offrez-lui des amufemens qui lui faffent aimer fon état & l'empêchent d'en envier un plus doux. Des jours ainfi perdus feront mieux valoir tous les autres. Préfidez à fes plaifirs pour les rendre honnêtes ; c'eft le vrai moyen d'animer fes travaux.

monde un plus brillant fpectacle que de voir,
fur ce vafte & fuperbe baffin, des centaines
de bateaux, élégamment équippés, partir à
la fois au fignal donné, pour aller enlever un
drapeau arboré au but, puis fervir de cortege au vainqueur revenant en triomphe recevoir le prix mérité. Toutes ces fortes de
fêtes ne font difpendieufes qu'autant qu'on le
veut bien, & le feul concours les rend affés
magnifiques. Cependant il faut y avoir affifté chez le Genevois, pour comprendre a-
vec quelle ardeur il s'y livre. On ne le reconnoît plus: ce n'eft plus ce peuple fi rangé
qui ne fe départ point de fes regles écono-
miques; ce n'eft plus ce long raifonneur qui
pefe tout jufqu'à la plaifanterie à la balance
du jugement. Il eft vif, gai, carreffant;
fon cœur eft alors dans fes yeux, comme il
eft toujours fur fes levres; il cherche à com-
muniquer fa joie & fes plaifirs; il invite, il
preffe, il force, il fe difpute les furvenans.
Toutes les fociétés n'en font qu'une, tout
devient commun à tous. Il eft prefque indifférent à quelle table on fe mette: ce feroit

l'i-

l'image de celles de Lacédémone, s'il n'y régnoit un peu plus de profusion ; mais cette
profusion même est alors bien placée, & l'afpect de l'abondance rend plus touchant celui
de la liberté qui la produit.

L'HIVER, tems consacré au commerce
privé des amis, convient moins aux fêtes publiques. Il en est pourtant une espece dont
je voudrois bien qu'on se fît moins de scru-
pule, savoir les bals entre de jeunes personnes à marier. Je n'ai jamais bien conçu
pourquoi l'on s'effarouche si fort de la danse
& des assemblées qu'elle occasionne : comme
s'il y avoit plus de mal à danser qu'à chanter ; que l'un & l'autre de ces amusemens ne
fût pas également une inspiration de la Nature ; & que ce fût un crime à ceux qui font
destinés à s'unir de s'égayer en commun par
une honnête récréation. L'homme & la
femme ont été formés l'un pour l'autre. Dieu
veut qu'ils suivent leur destination, & certainement le premier & le plus saint de tous
les liens de la Société est le mariage. Toutes les fausses Religions combattent la Nature ;

la

la nôtre feule, qui la fuit & la regle, annonce une inftitution divine & convenable à
l'homme. Elle ne doit point ajoûter fur le
mariage, aux embarras de l'ordre civil, des
difficultés que l'Evangile ne prefcrit pas &
que tout bon Gouvernement condamne; mais
qu'on me dife où de jeunes perfonnes à marier auront occafion de prendre du goût l'une
pour l'autre, & de fe voir avec plus de décence & de circonfpection que dans une af-
femblée où les yeux du public inceffamment
ouverts fur elles les forcent à la réferve, à
la modeftie, à s'obferver avec le plus grand
foin? En quoi Dieu eft-il offenfé par un
exercice agréable, falutaire, propre à la viva-
cité des jeunes-gens, qui confifte à fe préfenter l'un à l'autre avec grace & bienféance,
& auquel le fpectateur impofe une gravité
dont on n'oferoit fortir un inftant? Peut-on
imaginer un moyen plus honnête de ne point
tromper autrui, du-moins quant à la figure,
& de fe montrer avec les agrémens & les
défauts qu'on peut avoir, aux gens qui ont
intérêt de nous bien connoître avant de

Q 3

s'os'obliger à nous aimer? Le devoir de se chérir réciproquement n'emporte-t-il pas celui de se plaire, & n'est-ce pas un soin digne de deux personnes vertueuses & chrétiennes qui cherchent à s'unir, de préparer ainsi leurs cœurs à l'amour mutuel que Dieu leur impose?

Qu'arrive-t-il dans ces lieux où regne une contrainte éternelle, où l'on punit comme un crime la plus innocente gaieté, où les jeunes-gens des deux sexes n'osent jamais s'assembler en public, & où l'indiscrette sévérité d'un Pasteur ne sait prêcher au nom de Dieu qu'une gene servile, & la tristesse, & l'ennui? On élude une tyrannie insupportable que la Nature & la Raison désavouent. Aux plaisirs permis dont on prive une jeunesse enjouée & folâtre, elle en substitue de plus dangereux. Les tête-à-tête adroitement concertés prennent la place des assemblées publiques. A force de se cacher comme si l'on étoit coupable, on est tenté de le devenir. L'innocente joie aime à s'évaporer au grand jour; mais le vice est ami des ténebres,

bres, & jamais l'innocence & le mistere n'habiterent long-tems ensemble.

PO U R moi, loin de blâmer de si simples amusemens, je voudrois au - contraire qu'ils fussent publiquement autorisés, & qu'on y prévînt tout désordre particulier en les convertissant en bals solemnels & périodiques, ouverts indistinctement à toute la jeunesse à marier. Je voudrois qu'un Magistrat (z), nommé par le Conseil, ne dédaignât pas de présider à ces bals. Je voudrois que les peres & meres y assistassent, pour veiller sur leurs enfans, pour être témoins de leur grace

&

(z) A chaque corps de métier, à chacune des sociétés publiques dont est composé notre Etat, préside un de ces Magistrats, sous le nom de *Seigneur - Commis*. Ils assistent à toutes les assemblées & même aux festins. Leur présence n'empêche point une honnête familiarité entre les membres de l'association; mais elle maintient tout le monde dans le respect qu'on doit porter aux loix, aux mœurs, à la décence, même au sein de la joie & du plaisir. Cette institution est très belle, & forme un des grands liens qui unissent le peuple à ses chefs.

& de leur adreſſe, des applaudiſſemens qu'ils
auroient mérités, & jouir ainſi du plus doux
ſpectacle qui puiſſe toucher un cœur paternel.
Je voudrois qu'en géneral toute perſonne ma-
riée y fût admiſe au nombre des ſpectateurs
& des juges, ſans qu'il fût permis à aucune
de profaner la dignité conjugale en danſant
elle-même: car à quelle fin honnête pourroit-
elle ſe donner ainſi en montre au public? Je
voudrois qu'on formât dans la ſalle une en-
ceinte commode & honorable, deſtinée aux
gens âgés de l'un & de l'autre ſexe, qui
ayant déja donné des citoyens à la patrie,
verroient encore leurs petits enfans ſe préparer à le devenir. Je voudrois que nul n'entrât ni ne ſortît ſans ſaluer ce parquet, &
que tous les couples de jeunes-gens vinſſent,
avant de commencer leur danſe & après l'a-
voir finie, y faire une profonde réverence,
pour s'accoutumer de bonne heure à reſpec-
ter la vieilleſſe. Je ne doute pas que cette
agréable réunion des deux termes de la vie
humaine ne donnât à cette aſſemblée un
certain coup d'œil attendriſſant, & qu'on ne
vît

vit quelquefois couler dans le parquet des larmes de joie & de souvenir, capables, peut-
être, d'en arracher à un spectateur sensible.
Je voudrois que tous les ans, au dernier bal,
la jeune personne qui, durant les précédens,
se seroit comportée le plus honnêtement, le
plus modestement, & auroit plû davantage à
tout le monde au jugement du Parquet, fût
honnorée d'une couronne par la main du *Seigneur - Commis* (a), & du titre de Reine du
bal qu'elle porteroit toute l'année. Je voudrois qu'à la clôture de la même assemblée
on la reconduisît en cortege, que le pere &
la mere fussent félicités & remerciés d'avoir
une fille si bien née & de l'élever si bien.
Enfin je voudrois que, si elle venoit à se
marier dans le cours de l'an, la Seigneurie lui
fît un présent, ou lui accordât quelque dis-
tinction publique, afin que cet honneur fût
une chose assés sérieuse pour ne pouvoir jamais devenir un sujet de plaisanterie.

Il

(a) Voyez la note précédente.

Q 5

Il est vrai qu'on auroit souvent à craindre un peu de partialité, si l'âge des Juges ne laissoit toute la préférence au mérite ; & quand la beauté modeste seroit quelquefois favorisée, quel en seroit le grand inconvénient ? Ayant plus d'assauts à soutenir, n'a-t-elle pas besoin d'être plus encouragée ? N'est-elle pas un don de la Nature, ainsi que les talens ? Où est le mal qu'elle obtienne quelques honneurs qui l'excitent à s'en rendre digne & puissent contenter l'amour-propre, sans offenser la vertu ?

En perfectionnant ce projet dans les mêmes vues, sous un air de galanterie & d'amusement, on donneroit à ces fêtes plusieurs fins utiles qui en feroient un objet important de police & de bonnes mœurs. La jeunesse, ayant des rendez-vous sûrs & honnêtes, feroit moins tentée d'en chercher de plus dangereux. Chaque sexe se livreroit plus patiemment, dans les intervalles, aux occupations & aux plaisirs qui lui sont propres, & s'en consoleroit plus aisément d'être privé du commerce continuel de l'autre. Les particuliers

liers de tout état auroient la reſſource d'un ſpectacle agréable, ſur-tout aux peres & meres. Les ſoins pour la parure de leurs filles ſeroient pour les femmes un objet d'amuſement qui feroit diverſion à beaucoup d'autres; & cette parure, ayant un objet innocent & louable, ſeroit là tout-à-fait à ſa place. Ces occaſions de s'aſſembler pour s'unir, & d'arranger des établiſſemens, ſeroient des moyens fréquens de rapprocher des familles diviſées & d'affermir la paix, ſi néceſſaire dans notre Etat. Sans altérer l'autorité des peres, les inclinations des enfans ſeroient un peu plus en liberté; le premier choix dépendroit un peu plus de leur cœur; les convenances d'âge, d'humeur, de goût, de caractere ſeroient un peu plus conſultées; on donneroit moins à celles d'état & de biens qui font des nœuds mal aſſortis, quand on les ſuit aux dépens des autres. Les liaiſons devenant plus faciles, les mariages ſeroient plus fréquens; ces mariages, moins circonſcrits par les mêmes conditions, préviendroient les partis, tempéreroient l'exceſſive inégalité, maintien-

droient

droient mieux le corps du peuple dans l'efprit de fa conftitution ; ces bals ainfi dirigés reffembleroient moins à un fpectacle public qu'à l'affemblée d'une grande famille,
& du fein de la joie & des plaifirs naîtroient la confervation, la concorde, & la
profpérité de la République (b).

SUR

(b) Il me paroît plaifant d'imaginer quelquefois les jugemens que plufieurs porteront de mes
goûts fur mes écrits. Sur celui-ci l'on ne manquera pas de dire: cet homme eft fou de la dan-
fe, je m'ennuie à voir danfer: il ne peut fouffrir
la Comédie, j'aime la Comédie à la paffion : il a
de l'averfion pour les femmes, je ne ferai que
trop bien juftifié là-deffus : il eft mécontent des
Comédiens, j'ai tout fujet de m'en louer & l'a-
mitié du feul d'entr'eux que j'ai connu particulierement ne peut qu'honorer un honnête-homme. Même jugement fur les Poëtes dont je fuis
forcé de cenfurer les Pieces : ceux qui font morts
ne feront pas de mon goût, & je ferai piqué
contre les vivans. La vérité eft que Racine me
charme & que je n'ai jamais manqué volontairement une repréfentation de Moliere. Si j'ai moins
parlé de Corneille, c'eft qu'ayant peu fréquenté
fes Pieces & manquant de livres, il ne m'eft pas
affés refté dans la mémoire pour le citer. Quant

à

Sur ces idées, il feroit aifé d'établir à peu de fraix & fans danger, plus de fpectacles

à l'Auteur d'Atrée & de Catilina, je ne l'ai jamais vu qu'une fois & ce fut pour en recevoir un fervice. J'eftime fon génie & refpecte fa vieilleffe; mais, quelque honneur que je porte à fa perfonne, je ne dois que juftice à fes Pieces, & je ne fais point acquiter mes dettes aux dépens du bien public & de la vérité. Si mes écrits m'infpirent quelque fierté, c'eft par la pureté d'intention qui les dicte, c'eft par un défintereffement dont peu d'auteurs m'ont donné l'exemple, & que fort peu voudront imiter. Jamais vue particuliere ne fouilla le defir d'être utile aux autres qui m'a mis la plume à la main, & j'ai prefque toujours écrit contre mon propre intérêt. *Vitam impendere vero*: voila la devife que j'ai choifie & dont je me fens digne. Lecteurs, je puis me tromper moi-même, mais non pas vous tromper volontairement; craignez mes erreurs & non ma mauvaife foi. L'amour du bien public eft la feule paffion qui me fait parler au public; je fais alors m'oublier moi-même, &, fi quelqu'un m'offenfe, je me tais fur fon compte de peur que la colere ne me rende injufte. Cette maxime eft bonne à mes ennemis, en ce qu'ils me nuifent à leur aife & fans crainte de repréfailles, aux Lecteurs qui ne craignent pas que ma haîne leur en impofe, & furtout à moi qui, reftant en paix tandis qu'on m'ou-

tacles qu'il n'en faudroit pour rendre le féjour de notre ville agréable & riant, même aux étrangers qui, ne trouvant rien de pareil ailleurs, y viendroient au-moins pour voir une chofe unique. Quoiqu'à dire le vrai, fur beaucoup de fortes raifons, je regarde ce concours comme un inconvénient bien plus que comme un avantage; & je fuis perfuadé, quant à moi, que jamais étranger n'entra dans Geneve, qu'il n'y ait fait plus de mal que de bien.

MAIS favez-vous, Monfieur, qui l'on devroit s'efforcer d'attirer & de retenir dans nos murs? Les Genevois mêmes qui, avec un fincere amour pour leur pays, ont tous une fi grande inclination pour les voyages qu'il n'y

a

m'outrage, n'ai du-moins que le mal qu'on me fait & non celui que j'éprouverois encore à le rendre. Sainte & pure vérité à qui j'ai confacré ma vie, non jamais mes paffions ne fouilleront le fincere amour que j'ai pour toi; l'intérêt ni la crainte ne fauroient altérer l'hommage que j'aime à t'offrir, & ma plume ne te refufera jamais rien que ce qu'elle craint d'accorder à la vengeance!

a point de contrée où l'on n'en trouve de répandus. La moitié de nos Citoyens épars dans le refte de l'Europe & du Monde, vivent & meurent loin de la Patrie ; & je me citerois moi-même avec plus de douleur, fi j'y étois moins inutile. Je fais que nous fommes forcés d'aller chercher au-loin les reffources que notre terrain nous refufe, & que nous pourrions difficilement fubfifter, fi nous nous y tenions renfermés ; mais au-moins que ce banniffement ne foit pas éternel pour tous. Que ceux dont le Ciel a beni les travaux viennent, comme l'abeille, en rapporter le fruit dans la ruche ; réjouir leurs concitoyens du fpectacle de leur fortune ; animer l'émulation des jeunes-gens ; enrichir leur pays de leur richeffe ; & jouir modeftement chés eux des biens honnêtement acquis chés les autres. Sera-ce avec des Théatres, toujours moins parfaits chés nous qu'ailleurs, qu'on les y fera revenir? Quitteront-ils la Comédie de Paris ou de Londres pour aller revoir celle de Geneve ? Non, non, Monfieur, ce n'eft pas ainfi qu'on les peut ramener.

ner. Il faut que chacun fente qu'il ne fauroit trouver ailleurs ce qu'il a laiffé dans fon pays; il faut qu'un charme invincible le rappelle au féjour qu'il n'auroit point dû quitter; il faut que le fouvenir de leurs premiers exercices, de leurs premiers fpectacles, de leurs premiers plaifirs, refte profondément gravé dans leurs cœurs; il faut que les douces impreffions faites durant la jeuneffe demeurent & fe renforcent dans un âge avancé, tandis que mille autres s'effacent; il faut qu'au milieu de la pompe des grands Etats & de leur trifte magnificence, une voix fecrette leur crie inceffamment au fond de l'ame: ah! où font les jeux & les fêtes de ma jeuneffe? Où eft la concorde des citoyens? Où eft la fraternité publique? Où eft la pure joie & la véritable allegreffe? Où font la paix, la liberté, l'équité, l'innocence? Allons rechercher tout cela. Mon Dieu! avec le cœur du Genevois, avec une ville auffi riante, un pays auffi charmant, un gouvernement auffi jufte, des plaifirs fi vrais & fi purs, & tout ce qu'il faut pour favoir les goûter,

à

à quoi tient-il que nous n'adorions tous la patrie?

Ainsi rappelloit ses citoyens, par des fêtes modestes & des jeux sans éclat, cette Sparte que je n'aurai jamais assés citée pour l'exemple que nous devrions en tirer; ainsi dans Athenes parmi les beaux-arts, ainsi dans Suse au sein du luxe & de la molesse, le Spartiate ennuyé soupiroit après ses grossiers festins & ses fatigans exercices. C'est à Sparte que, dans une laborieuse oisiveté, tout étoit plaisir & spectacle; c'est là que les plus rudes travaux passoient pour des récréations, & que les moindres délassemens formoient une instruction publique; c'est là que les citoyens, continuellement assemblés, consacroient la vie entiere à des amusemens qui faisoient la grande affaire de l'Etat, & à des jeux dont on ne se délassoit qu'à la guerre.

J'entends déja les plaisans me demander si, parmi tant de merveilleuses instructions, je ne veux point aussi, dans nos Fêtes Génevoises, introduire les danses des jeunes Lacédémoniennes? Je réponds que je voudrois

R

bien

bien nous croire les yeux & les cœurs affés chaftes pour fupporter un tel fpectacle, & que de jeunes perfonnes dans cet état fuffent à Geneve comme à Sparte couvertes de l'honnêteté publique; mais, quelque eftime que je faffe de mes compatriotes, je fais trop combien il y a loin d'eux aux Lacédémoniens, & je ne leur propofe des inftitutions de ceux-ci que celles dont ils ne font pas encore incapables. Si le fage Plutarque s'eft chargé de juftifier l'ufage en queftion, pourquoi faut-il que je m'en charge après lui? Tout eft dit, en avouant que cet ufage ne convenoit qu'aux éleves de Lycurgue; que leur vie frugale & laborieufe, leurs mœurs pures & feveres, la force d'ame qui leur étoit propre, pouvoient feules rendre innocent fous leurs yeux, un fpectacle fi choquant pour tout peuple qui n'eft qu'honnête.

Mais penfe-t-on qu'au fond l'adroite parure de nos femmes ait moins fon danger qu'une nudité abfolue, dont l'habitude tourneroit bientôt les premiers effets en indifférence & peut-être en dégoût? Ne fait-on pas que
que

que les statues & les tableaux n'offensent les yeux que quand un mêlange de vêtemens rend les nudités obscenes ? Le pouvoir immédiat des sens est foible & borné : c'est par l'entremise de l'imagination qu'ils font leurs plus grands ravages; c'est elle qui prend soin d'irriter les desirs, en prêtant à leurs objets encore plus d'attraits que ne leur en donna la Nature ; c'est elle qui découvre à l'œil avec scandale ce qu'il ne voit pas seulement comme nud, mais comme devant être habillé. Il n'y a point de vêtement si modeste au travers duquel un regard enflammé par l'imagination n'aille porter les desirs. Une jeune Chinoise, avançant un bout de pied couvert & chauffé, fera plus de ravage à Pékin que n'eut fait la plus belle fille du monde dansant toute nue au bas du Taygete. Mais quand on s'habille avec autant d'art & si peu d'exactitude que les femmes font aujourd'hui, quand on ne montre moins que pour faire desirer davantage, quand l'obstacle qu'on oppose aux yeux ne sert qu'à mieux irriter l'imagination, quand on ne cache une

R 2

partie

partie de l'objet que pour parer celle qu'on expose,

Heu! male tum mites defendit pampinus uvas.

TERMINONS ces nombreuses digreſſions. Grace au Ciel voici la derniere: je ſuis à la fin de cet écrit. Je donnois les fêtes de Lacédémone pour modele de celles que je voudrois voir parmi nous. Ce n'eſt pas ſeulement par leur objet, mais auſſi par leur ſimplicité que je les trouve recommandables: ſans pompe, ſans luxe, ſans appareil, tout y reſpiroit, avec un charme ſecret de patriotiſme qui les rendoit intéreſſantes, un certain eſprit martial convenable à des hommes libres (c); ſans affaires & ſans plaiſirs, au moins

(c) Je me ſouviens d'avoir été frappé dans mon enfance d'un ſpectacle aſſés ſimple, & dont pourtant l'impreſſion m'eſt toujours reſtée, malgré le tems & la diverſité des objets. Le Régiment de St. Gervais avoit fait l'exercice, &, ſelon la coutume, on avoit ſoupé par compagnies; la plupart de ceux qui les compoſoient ſe raſſemblerent après le ſoupé dans la place de St. Gervais, & ſe mirent à danſer tous enſemble, officiers & ſol-

moins de ce qui porte ces noms parmi nous,
ils paſſoient, dans cette douce uniformité, la
jour-

ſoldats, autour de la fontaine, ſur le baſſin de laquelle étoient montés les Tambours, les Fifres,
& ceux qui portoient les flambeaux. Une danſe
de gens égayés par un long repas ſembleroit
n'offrir rien de fort intéreſſant à voir ; cependant, l'accord de cinq ou ſix cens hommes en
uniforme, ſe tenant tous par la main, & formant
une longue bande qui ſerpentoit en cadence &
ſans confuſion, avec mille tours & retours, mille
eſpeces d'évolutions figurées, le choix des airs qui
les animoient, le bruit des tambours, l'éclat des
flambeaux, un certain appareil militaire au ſein du
plaiſir, tout cela formoit uné ſenſation très vive
qu'on ne pouvoit ſupporter de ſang-froid. Il
étoit tard, les femmes étoient couchées, toutes ſe
releverent. Bientôt les fenêtres furent pleines de
ſpectatrices qui domnoient un nouveau zele aux
acteurs ; elles ne purent tenir long-tems à leurs
fenêtres, elles deſcendirent ; les maîtreſſes venoient
voir leurs maris, les ſervantes apportoient du vin,
les enfans même eveillés par le bruit accoururent
demi-vêtus entre les peres & les meres. La danſe fut ſuſpendue ; ce ne furent qu'embraſſemens,
ris, ſantés, carreſſes. Il réſulta de tout cela un
attendriſſement général que je ne ſaurois peindre,
mais que, dans l'allegreſſe univerſelle, on éprouve
aſſés naturellement au milieu de tout ce qui nous

R 3

eſt

journée, sans la trouver trop longue, & la vie, sans la trouver trop courte. Ils s'en retournoient chaque soir, gais & dispos, prendre

est cher. Mon pere, en m'embrassant, fut saisi d'un tressaillement que je crois sentir & partager encore. Jean-Jaques, me disoit-il, aime ton pays. Vois-tu ces bons Genevois; ils sont tous amis, ils sont tous freres; la joie & la concorde regne au milieu d'eux. Tu es Genevois: tu verras un jour d'autres peuples; mais, quand tu voyagerois autant que ton pere, tu ne trouveras jamais leur pareil.

On voulut recommencer la danse, il n'y eut plus moyen : on ne savoit plus ce qu'on faisoit, toutes les têtes étoient tournées d'une ivresse plus douce que celle du vin. Après avoir resté quelque tems encore à rire & à causer sur la place, il fallut se séparer, chacun se retira paisiblement avec sa famille; & voila comment ces aimables & prudentes femmes ramenerent leurs maris, non pas en troublant leurs plaisirs, mais en allant les partager. Je sens bien que ce spectacle dont je fus si touché, seroit sans attrait pour mille autres : il faut des yeux faits pour le voir, & un cœur fait pour le sentir. Non, il n'y a de pure joie que la joie publique, & les vrais sentimens de la Nature ne regnent que sur le peuple. Ah ! Dignité, fille de l'orgueil & mere de l'ennui, jamais tes tristes esclaves eurent-ils un pareil moment en leur vie?

dre leur frugal repas, contens de leur patrie, de leurs concitoyens, & d'eux-mêmes. Si l'on demande quelque exemple de ces divertissemens publics, en voici un rapporté par Plutarque. Il y avoit, dit-il, toujours trois danses en autant de bandes, selon la différence des âges; & ces danses se faisoient au chant de chaque bande. Celle des vieillards commençoit la premiere, en chantant le couplet suivant.

Nous avons été jadis,
Jeunes, vaillans, & hardis.

Suivoit celle des hommes qui chantoient à leur tour, en frappant de leurs armes en cadence.

Nous le sommes maintenant,
A l'epreuve à tout venant.

Ensuite venoient les enfans qui leur répondoient, en chantant de toute leur force.

Et nous bientôt le serons,
Qui tous vous surpasserons.

Voila, Monsieur, les spectacles qu'il

R 4   faut

faut à des Républiques. Quant à celui dont votre article *Geneve* m'a forcé de traiter dans cet essai, si jamais l'intérêt particulier vient à bout de l'établir dans nos murs, j'en prévois les tristes effets; j'en ai montré quelques-uns, j'en pourrois montrer davantage; mais c'est trop craindre un malheur imaginaire que la vigilance de nos magistrats saura prévenir. Je ne prétends point instruire des hommes plus sages que moi. Il me suffit d'en avoir dit assés pour consoler la jeunesse de mon pays d'être privée d'un amusement qui coûteroit si cher à la patrie. J'exhorte cette heureuse jeunesse à profiter de l'avis qui termine votre article. Puisse-t-elle connoître & mériter son sort ! Puisse-t-elle sentir toujours combien le solide bonheur est préférable aux vains plaisirs qui le détruisent! Puisse-t-elle transmettre à ses descendans les vertus, la liberté, la paix qu'elle tient de ses peres! C'est le dernier voeu par lequel je finis mes écrits, c'est celui par lequel finira ma vie.

F I N.

AVIS

AVIS DE L'IMPRIMEUR.

Mr. Rousseau m'ayant adressé les corrections & les additions suivantes pour être placées en leur lieu, je n'ai pu les y faire entrer, ces feuilles étant déja toutes imprimées. Je crois faire plaisir au public & remplir les vues de l'Auteur en les ajoutant à la fin de son ouvrage. *A Amsterdam le 15. Juillet 1758.*

Pag. 4. *Ligne* 18. JE NE prétends point pour cela *ajoutez* juger ni blâmer &c.

Ibid. 4. *Ligne* 21. à moins qu'ils ne la reconnoissent *ajoutez* & j'ajoute qu'elle ne ressemble en rien à celle dont ils nous instruisent. Je ne sais &c

Ibid. 4. *Ligne* 23. Ainsi je n'en puis parler ni en bien ni en mal *ajoutez* & même sur quelques notions confuses de cette secte & de son fondateur, je me sens plus d'éloignement que de goût pour elle : mais en général &c

Pag. 7. *Ligne* 5, 6. *de la note* une absurdité palpable, une chose très clairement fausse. *lisez* une absurdité palpable, une chose évidemment fausse.

Pag. 9. *Ligne* 13. Mais pour être philosophes & tolérans, *ajoutez une étoile après ce mot* tolérans *, & la note suivante au bas de la page*

* Sur la Tolérance Chrétienne, on peut consulter le chapitre qui porte ce titre, dans l'onzieme livre de la Doctrine Chrétienne de M. le Professeur Vernet. On y verra par quelles raisons l'Eglise doit apporter encore plus de ménagement & de circon-

specfpection dans la cenfure des erreurs fur la foi, que dans celle des fautes contre les mœurs, & comment s'allient dans les regles de cette cenfure la douceur du Chrétien, la raifon du Sage, & le zele du Pasteur.

Pag. 16. *Ligne* 13. des Spectacles d'une infinité d'efpeces ; *ajoutez une étoile après ce mot* efpeces *, & la note fuivante au bas de la page.*

   * „ Il peut y avoir des fpectacles blâmables en
„ eux-mêmes, comme ceux qui font inhumains, ou
„ indécens & licentieux : tels étoient quelques-uns
„ des fpectacles parmi les Payens. Mais il en eft
„ auffi d'indifférens en eux - mêmes qui ne deviennent mauvais que par l'abus qu'on en fait. Par
„ exemple , les Pieces de Théatre n'ont rien de
„ mauvais entant qu'on y trouve une peinture des
„ caracteres & des actions des hommes , où l'on
„ pourroit même donner des leçons agréables & uti-
„ les pour toutes les conditions ; mais fi l'on y dé-
„ bite une morale relâchée , fi les perfonnes qui
„ exercent cette profeffion menent une vie licentieu-
„ fe & fervent à corrompre les autres , fi de tels
„ fpectacles entretiennent la vanité, la fainéantife,
„ le luxe, l'impudicité , il eft vifible alors que la
„ chofe tourne en abus , & qu'à moins qu'on ne
„ trouve le moyen de corriger ces abus ou de s'en
„ garantir, il vaut mieux renoncer à cette forte d'a-
„ mufement". *Inftruction Chrét. T. III. L. III.*
Ch. 16. (*qu'on trouve chez Rey à Amfterdam*)

   Voila l'état de la queftion bien pofé. Il s'agit de favoir fi la morale du Théatre eft néceffairement relâchée , fi les abus font inévitables, fi les inconvéniens

niens dérivent de la nature de la chose, ou s'ils viennent de causes qu'on en puisse écarter.

Pag. 28. *Ligne* 15 faire naître *lisez* produire.

Pag. 28. *à la fin de la note, ajoutez ce qui suit.*

* Je puis citer en exemple de cela la petite Piece de Nanine qui a fait murmurer l'assemblée & ne s'est soutenue que par la grande réputation de l'Auteur, & cela parce que l'honneur, la vertu, les purs sentimens de la Nature y sont préférés à l'impertinent préjugé des conditions.

Pag. 33. *Ligne* 17. *& suivantes:* passageres, stériles & sans effet tous les devoirs de la vie humaine, à peu près comme ces honnêtes-gens qui pensent avoir fait un acte de charité en disant au pauvre: Dieu vous assiste. *Mettez* passageres, stériles & sans effet tous les devoirs de l'homme, à nous faire applaudir de notre courage en louant celui des autres, de notre humanité en plaignant les maux que nous aurions pu guérir, de notre charité en disant au pauvre: Dieu vous assiste.

Pag. 37. *Ligne* 17. extraordinaires *lisez* peu communs

Pag. 176. *à la note ajoutez ce qui suit.*

S'il faut donc diminuer le nombre journalier de 300 Spectateurs à Paris, il faut diminuer proportionnellement celui de 48 à Geneve; ce qui renforce mes objections.

Pag. 207. *à la note.* Platon dans sa République, *lisez* dans ses loix.

ERRATA

ERRATA.

Pag. Ligne

42. 6. grand-maître, *lifez* grand maître.
150. 3. célle, *lifez* celles
151. 7. *Ces pourquoi*, *lifez Tes pourquoi*.
167. *à la fin de la note*, fis, *lifez* fils
170. 18. grand, *lifez* grands.
172. 18. fauxbourg, *lifez* quartier
175. 8. vingt quatre, *lifez* vingt-quatre
181. 4. faudroit, *lifez* faudra
186. 20. femmes, *lifez* femme
230. 7. cuiller, *lifez* cuilliére
240. 21. rendez les, *lifez* rendez-les

❋❋❋❋❋❋❋❋❋❋❋❋❋❋❋❋❋❋❋❋❋❋❋

AVIS pour le RELIEUR.

Les trois Cartons pages 113, 114. 155, 156.
243, 244. doivent être placés proprement.

CATA-

CATALOGUE
DES
LIVRES.

Du Fond de M. M. REY, Libraire à Amsterdam.

A.

Starbé Tragédie par Mr. Colardeau, repreſentée pour la premiere fois par les Comédiens François ordinaires du Roi, le 27. Février 1758. 8. *Amſt.* 1758. 10 ſ.

L'Ami des Hommes ou Traité de la Population par Mr. le Marquis de Mirabeau en 3 *vol.* 12. 1758. ſ 3. 15 ſ.

Annales Politiques de feu Mr. Caſtel, Abbé de St. Pierre de l'Académie Françoiſe, 8. 2 *vol.* (*Geneve*) 1757. à ſ 2. 10 ſ.

APOLOGIE de Mr. l'Abbé de Prades, la Théſe en Latin & François, 12. 3 *vol. Amſt.* 1753.

Examen de la Théſe & obſervations ſur l'Apologie, par Mr. Boullier 12. *Amſt.* 1753. 4 *vol.* à ſ 2.

B.

Ible (la Sainte) ou le Vieux & le Nouveau Teſtament, avec un Commentaire Littéral compoſé de notes choiſies tirées des divers Auteurs Anglois, in 4. 7 *vol.* à ſ 21. pour l'année 1758. ſeulemenr.

———— le Livre de Joſué ſéparé à ſ 3. 6 ſ.

———— les Livres des Juges & de Ruth 7 partie avec le portrait de l'Auteur peint par *Liotard*, gravé par *Houbraken*, 4. *Amſt.* 1758. à ſ 3. 10 ſ.

BIBLIOTHEQUE de Campagne ou Amuſemens de l'Eſprit & du Cœur, 12. 12 *vol.* la *Haye* 1752-1758. à ſ 12.

———— idem chaque Tome ſéparément, à ſ 1.

C.

Abinet des Fées de Mad. d'Aunoy, 12. 8 *vol.* 14 *parties* avec *fig. Amſt.* 1754. à ſ 10.

CICERON (Penſées de), par Mr. l'Abbé d'Olivet, 12. *Amſt.* 1746. à ſ 1,

D.

Iſcours ſur l'Origine & les Fondemens de l'Inégalité parmi les Hommes par J. J. Rouſſeau citoyen de Geneve, 8. 1 *vol. Amſt.* 1755. à ſ 1. 10 ſ.

DICTIONNAIRE (nouveau) de Bayle, par Mr. de Chauffepied, *fol.* 4 *vol.* à ſ 44.

———————— idem Tom. 3. 4. ſéparé 1755.

———————— de Furetiére, *fol.* 4 *vol.* grand papier, la *Haye* 1727.

———————— Idem petit papier. à ſ 40.

E.

Ntretiens (les) des Voyageurs ſur Mer, 12. 4 *vol. fig.* la *Haye* 1740. à ſ 6.

L'Eſprit des Maximes Politiques, pour ſervir de ſuite à l'Eſprit des Loix du Préſident de Monteſquieu par Mr. Pecquet, 4. 1 *vol.* Amſt. 1758. à ſ 5. 5 ſ.

Eſſai

Essai sur l'Histoire Générale & sur les Mœurs & l'Esprit des Nations dépuis Charlemagne jusqu'à la prise de Port Mahon en 1756. par Mr. De Voltaire, in 8. 7 *vol. Amst.* 1757. *a laquelle on a joint une table Générale des Matieres exactement travaillée à f 9.*

F.

Fils (le) Naturel ou les Epreuves de la Vertu, Comédie en Cinq Actes, & en prose avec l'Histoire véritable de la piece par Mr. Diderot, 1 *vol.* 12. *Amst.* 1757. à f 0. 12 f.

H.

Histoire de Catilina tirée de Plutarque, de Cicéron, de Dion, de Salufte, &c. 8. *Amst.* 1749. à 8 f.

————— des Paffions, 12. 2 *vol. Amst.* 1751. à f 1.

————— d'une Grecque moderne, par l'Abbé Prevot d'Exil 12. 2 *vol. Amst.* 1741. à f 1.

————— Critique des Manichée & du Manichéifme, par Mr. de Beaufobre, 4. 2 *vol. Amst.* 1734-1740.

————— du Marquis de Creffy, 12. 1 *vol. Amst.* 1758. à 10 f.

————— (Nouvelle) des Ordres Monaftiques, extrait de tous les Auteurs qui ont confervé à la poftérité ce qu'il y a de plus curieux dans chaque Ordre, &c. 12. 7 *vol. Londres* 1759. à f 7. 10 f.

————— de Suede, par le Baron de Puffendorf. 12. 3 *vol. Amst.* 1748. à f 4. 10 f.

Houteville Religion prouvée par les Faits, 12. 4 *vol. Amst.* 1744. à f 4. 10 f.

Hypocondre, ou la Femme qui ne parle point, Comédie en 5 Actes en vers par Mr. J. B. Rousseau, *Amst.* 1751. à 11 f.

I.

Illustres Françoifes, Hiftoires Véritables, nouvelle Edition augmentée des Mémoires Hiftoriques & Critiques touchant la Vie & les Ouvrages de leur Auteur, 12. 4 *vol. fig. Amst.* 1750. à f 4.

Inftructions Chrétiennes de Mr. Vernet, 8. 5 *vol.* à f 5. 5 f.

Introduction à l'Hiftoire Générale & Politique de l'Europe, par Pufendorff, complettée & continuée jufqu'en 1743. par Bruzen de la Martiniere, 12. 11 *vol. fig. Amst.* 1743-1748. à f 22.

Journal des Sçavans depuis fon commencement, 1665. jufques en Décembre 1753. en 170 *vol.* 12. *fig. Amst.* à f 170.

————— ————— idem *chaque tome féparément.*

Journal des Sçavans combiné avec les *Mémoires de Trevoux* Janvier 1754. jufques à Aouft 1758. en 73 tomes où 76 parties à 10 f.

Supplement aux Journaux des Sçavans & de Trevoux, où Lettres Critiques fur les divers Ouvrages périodiques de France, à f 3. pour l'Année.

Iphigénie en Tauride, tragédie par Mr. De La Touche, 8 *Amst.* 1758. à 10 f.

Journées Amufantes, par Mad. de Gomes, 12. grand papier, 8. *vol. fig. Londres* 1751. à f 5. 10 f.

Lettre

CATALOGUE DES LIVRES.

L.

LEttre du Roi de Pologne Staniſlas I. à la Reine de France ſa fille. où il raconte la maniere dont il eſt ſorti de Dantzig durant le ſiége de cette ville, 12. 1758. à 5 ſ.

——— d'Héloïſe à Abailard *en Vers* traduction libre de Pope, 12. *Amſt.* 1758. à 3 ſ.

LETTRES ſur le Teſtament politique du Card. de Richelieu, par Mr. de Foncemagne de l'Acad. 12. *Amſt.* 1750. à 5 ſ.

Liberté de conſcience reſſerrée dans des bornes légitimes *en trois parties*, 8. 1 *vol.* Londres 1754. à ſ. 1. 5 ſ.

M.

MEMOIRES du Card. de Retz, 8. 4 *vol.* *Amſt.* 1741.

——— de Joly & de Mad. la Ducheſſe de Nemours, 8. 3 *vol.* *Amſt.* 1738. à ſ 2. 10 ſ.

——— ſur le rang & la préſéance entre les Souverains, &c. par Rouſſet, 4. *Amſt.* 1746. à ſ 2.

O.

OBſervateur Hollondois, ou Lettres de Mr. van ***, à Mr. H***, de la Haye ſur l'Etat préſent des affaires de l'Europe en 41 Cahiers, in 8. 1757-1758.

Obſervations ſur l'art de faire la guerre, 8. 3 *parties Amſt.* 1744. à 15 ſ.

OEUVRES de Mathématique du P. Pardies, 12. 3 *vol. fig.* 5 edit. *Amſt.* 1725. à ſ 3.

——— de François Rabelais, 4. 3 *vol. fig. Amſt.* 1741.

——— de Louïs Racine, contenant les Poëſies nouvelles, des Réflexions ſur la Poëſie, les Mémoires ſur la Vie & les Ouvrages de J. Racine, les Lettres de J. Racine à Boileau, & les Réponſes, &c. 12. 6 *vol. Amſt.* 1750. Cette édition eſt la plus complette à tous égards. à ſ 5.

Oreſte tragédie par Mr. De Voltaire. 8. 1750. à 10 ſ.

P.

PHiloſophie (la) applicable à tous les objects de l'Eſprit & de la Raiſon par l'Abbé Terraſſon, 8. 2 *vol. Paris* 1754. à ſ 1. 5 ſ.

Penſées ſur l'Interprétation de la Nature, par Diderot, 12. 1754. à 6 ſ.

Piéces de Litterature des années 1751, 1752, 1753. 12. *Amſt.* 1754. à 15 ſ.

Porte-Feuille de J. B. Rouſſeau, 12. 2 *vol. Amſt.* 1751.

Principes du Droit de la Nature & des Gens, extrait du grand ouvrage latin de Mr. De Wolff par Mr. Formey, 12. 3 *vol.* *Amſt.* 1758. à ſ 3.

——— Le même Ouvrage en 1 *vol.* in 4. à ſ 4.

Pſeaumes grand 12, tout en Muſ. gros caractere, *Amſt.* 1754.

——— les mêmes, premier Verſet en Muſique, *ibid.* 1754.

Pſaphion ou la Courtiſanne de Smirne, 8. 1749. à 10 ſ.

R.

REcueil de Lions deſſinés d'après nature, par divers Maîtres & gravés par B. Picart diviſés en 6 livres, chacun de 6 Feuilles où 42 Planches, 4. 1729. à ſ 4.

——— de Voyages an Nord, contenant des Mémoires très-utiles

CATALOGUE DES LIVRES,

utiles au Commerce & à la Navigation, des Relations de la Tartarie, Siberie, Corée, Japon, Nord de l'Amerique, Mississipi, Géorgie, Nord de l'Europe, Russie, Samojécie Islande, Groenland &c. 12. 10 *vol. fig. Amst.* 1723. à *f* 15.

—————— de Voyages qui ont servi à l'établissement des Hollandois aux Indes Orientales, &c. 12. 12 *vol. fig. Amst.* 1754 à *f* 18.

—————— de Voyages de Fr. Coréal aux Indes Occidentales, Mexique, Perou, Chili, &c. avec les plans des principales Villes occupées par les Espagnols en Amérique, &c, 12. 3 *vol. fig.* ibid. à *f* 4. 10 *s.*

Réflexions sur la Rhétorique, sur la Poëtique, Dialogues sur l'Eloquence par Messire François de Salignac de la Motte Feuelon, &c. 12. *Amst.* 1730.

—————— sur la Poësie Françoise par le Pere du Cerceau, sur l'Eglogue & sur la Poësie Pastorale par l'Abbé Genêt, &c. 12. *ibid.* 1730. à *f* 2. 10 *s.*

Relation abregée concernant la Republique des Jesuites au Paraguai in 8. 1748. *Amst.* à 6 *s.*

S.

SUite de la défense de l'Esprit des Loix. 8. *Amst.* 1751. à 5 *s.*

T.

TEstament (nouveau) mis en Catéchisme par demandes & par Réponses, où l'on a conservé le Texte sacré en son entier, avec des courtes explications & annotations pour en faciliter l'intelligence par Mr. Polier Professeur à Lausanne in 8. 6 *vol.* 1756. à *f* 5. 5 *s.*

Traité de l'existence de Dieu, de la Religion naturelle &c. par Mr. Clarke, 8. 3 *vol. Amst.* 1727.

Triumvirat (le) ou la Mort de Ciceron tragédie par Mr. de Crebillon de l'Académie Françoise, représentée par les Comédiens François le 20 Décembre 1754. 8. *Amst.* 1755. à 10 *s.*

V.

VIsites charitables par Drelincourt, 8. 3 *vol. Amst.* 1732. à *f* 7.

Vie de Grotius avec l'histoire de ses ouvrages & des négociations auxquelles il fut employé, par Mr. de Burigny avec de nouvelles remarques 12. 2 *vol. Amst.* 1745. à *f* 1. 15. *s.*

—————— le même. 4. 1 *vol.* à *f* 2.

—————— (la) & les avantures du petit Pompée, Histoire critique trad. de l'Anglois 12. 2 *vol. Amst.* 1751. à *f* 1.

X.

XErxès Tragédie de Crebillon. 3. *Amst.* 1749.

Anti Lucretius, sive de Deo & Natura. libri novem E. S. R. E. Cardinalis Melchioris de Polignac Opus Post-humum; 8. 2 vol. Amst. 1748. à f 1. 10. s.

Castruccii Bonamici de Rebus ad Velitras Gestis Commentarius ad Trajanum Aquavivam Aragonium S. R. E. Principem Card. Montis &c. 8. Amst. 1748. à 10. s.

Rumphy Herbarium Amboinense continens plantas quæ in Amboinâ & adjecentibus Insulis réperiuntur, studio Burmanni Odidi fol. cum 389. Tabulis Æneis Amst. 1741. à f 46.